L'HOMME TERMINAL

DU MÊME AUTEUR
CHEZ POCKET

LA VARIÉTÉ ANDROMÈDE
JURASSIC PARK
SOLEIL LEVANT
EXTRÊME URGENCE
UN TRAIN D'OR POUR LA CRIMÉE
LES MANGEURS DE MORTS
HARCÈLEMENT
CONGO

MICHAEL CRICHTON

L'HOMME TERMINAL

POCKET

Titre original de l'ouvrage
The Terminal Man

Traduit de l'américain
par M. Matignon

ISBN : 2-266-00982-6

Pour Kurt WILLADSEN

Introduction de l'auteur

Les lecteurs que ce livre effraiera ou scandalisera auraient tort de s'imaginer que c'est un sujet absolument nouveau. Depuis presque cent ans, ne cessent de progresser l'étude physiologique du cerveau et les techniques neurochirurgicales qui permettent de modifier le comportement. Depuis des dizaines d'années, il est loisible à chacun de se tenir au courant de ces questions, de les discuter, de les approuver ou de les désapprouver.

La publicité n'a pas fait défaut. Les recherches neurobiologiques paraissent régulièrement et sous une forme spectaculaire dans les suppléments du dimanche. Mais le public ne les prend pas au sérieux ; il a entendu tant de conjectures inquiétantes et tant de propos futiles au cours de ces dernières années qu'il considère aujourd'hui le « contrôle des mécanismes du cerveau » comme un problème qui appartient à un avenir lointain et dont la solution, si elle vient jamais, n'intéressera que les générations futures.

Les savants qui se consacrent à ces recherches ont incité le public à s'y intéresser. James McConnell, de l'université de Michigan, a dit à ses étudiants, il y a quelques années : « Voyez-vous, nous pouvons contrôler les mécanismes du cerveau ; mais qui va décider de ce que nous devons faire ? Si vous ne vous hâtez pas de me donner votre avis sur la manière dont je dois procéder, je prendrai une résolution sans vous. Et ensuite il sera trop tard. »

Un grand nombre de gens ont l'impression de vivre aujourd'hui dans un monde prédéterminé qui suit un cours établi d'avance. Dans le passé, des décisions ont été prises pour nous, elles nous ont laissé la pollution, la dépersonnalisation et les fléaux urbains, et nous en subissons les conséquences.

Cette attitude implique un puéril et dangereux refus des responsabilités et chacun de nous devrait s'en rendre compte. C'est dans cet esprit que je présente la chronologie suivante :

HISTOIRE DE LA THÉRAPIE PAR NEUROCHIRURGIE

1908 Horsley et Clarke (Grande-Bretagne) décrivent les techniques chirurgicales stéréotaxiques à employer sur les animaux.

1947 Spiegel et ses collaborateurs (U.S.A.) signalent la première opération stéréotaxique faite sur un être humain.

1950 Penfield et Flanagan (Canada) pratiquent l'ablation chirurgicale avec de bons résultats sur des patients atteints de crises épileptiformes d'origine lésionnelle.

1958 Talairach et ses collaborateurs (France) font une implantation stéréotaxique d'électrodes profondes à demeure.

1963 Heath et ses collaborateurs autorisent des malades à se stimuler eux-mêmes avec des électrodes implantées.

1965 Narabayashi (Japon) déclare avoir soigné

par la chirurgie stéréotaxique 98 malades sujets à des attaques violentes.

1965 A cette date, plus de 24 000 interventions stéréotaxiques ont été faites sur des êtres vivant dans différents pays.

1968 Delgado et ses collaborateurs (U.S.A.) posent un « stimoceiver » (stimulateur radio plus récepteur radio) à des malades ambulatoires hospitalisés.

1969 Un chimpanzé à Alamogordo (N.M.) est relié par radio à un ordinateur qui programme et transmet ses stimulations.

1971 Le malade Harold Benson est opéré à Los Angeles.

M.C.

Los Angeles,
23 octobre 1971

Je suis arrivé à cette conclusion que l'analyse subjective que je fais de mes propres motivations est en grande partie mythique, presque dans tous les cas. A la vérité je ne connais pas les raisons qui me font agir.

J.B.S. HALDANE.

La nature sauvage dompte le colonisateur.

Frederick Jackson TURNER.

MARDI 9 MARS 1971

Entrée à l'hôpital

1

Ils arrivèrent au service des urgences à midi et s'installèrent sur le banc, derrière les portes battantes qui donnaient sur le parking des ambulances. Ellis, le plus âgé, avait l'air nerveux, préoccupé et distant. Très détendu, le plus jeune, Morris, mangeait un bonbon. Il fourra la papillote chiffonnée dans la poche de sa blouse blanche.

De l'endroit où ils étaient assis, ils voyaient le soleil dont les rayons éclairaient le grand écriteau indiquant : *Service des urgences, Défense de se garer, Réservé aux ambulances.* Ils entendirent un bruit de sirène, au loin.

« Est-ce lui ? » demanda Ellis.

Morris jeta un coup d'œil à sa montre. « J'en doute, il est trop tôt. »

Assis sur le banc, ils écoutaient la sirène qui se rapprochait. Ellis retira ses lunettes qu'il essuya avec sa cravate. L'une des infirmières, dont Morris ignorait le nom, vint à eux et leur demanda gaiement : « C'est vous le comité d'accueil ? »

Ellis la dévisagea. « Nous le ferons entrer directement, dit Morris. Avez-vous son dossier, ici ?

— Je crois que oui, docteur », fit l'infirmière, et elle partit, l'air agacé.

Ellis poussa un soupir, remit ses lunettes et

regarda l'infirmière sans bienveillance. « Tout ce sacré hôpital doit être au courant.

— C'est rudement difficile de garder un secret pareil. »

A présent, la sirène était toute proche. Ils virent entrer une ambulance. Deux infirmiers en ouvrirent la porte et sortirent une civière sur laquelle gisait une vieille femme chétive et haletante. « Œdème pulmonaire grave », se dit Morris, tandis qu'on la portait dans une salle de soins.

« J'espère qu'il est en bonne forme, dit Ellis.

— Qui ?

— Benson.

— Pourquoi ne le serait-il pas ?

— Ils l'ont peut-être malmené. »

Maussade, Ellis regardait par la fenêtre.

« Il est vraiment de mauvaise humeur », se dit Morris, qui savait que cette mauvaise humeur était un signe d'énervement ; il avait traité avec lui un assez grand nombre de cas pour pouvoir connaître ses réactions. Irritable et sous pression pendant l'attente, puis d'un calme total à partir du moment où l'opération commençait.

« Où diable est-il ? » fit Ellis, en regardant encore une fois sa montre.

Pour changer de sujet de conversation, Morris dit : « Sommes-nous prêts pour quinze heures trente ? » A quinze heures trente, Benson devait être présenté à une consultation spéciale de neurochirurgie à l'hôpital.

« D'après ce que je sais, dit Ellis, c'est Ross qui doit faire la présentation. Pourvu que Benson soit en bonne forme. »

Une voix douce se fit entendre par le haut-parleur : « Docteur Ellis. Docteur John Ellis, deux-deux-trois-quatre. Docteur Ellis, deux-deux-trois-quatre. »

Ellis se leva pour répondre à l'appel. « Au diable », dit-il.

Morris savait que le deux-deux-trois-quatre était le numéro des laboratoires d'expérimentation sur les animaux : on l'appelait probablement au sujet des singes. Ellis s'exerçait sur les singes depuis un mois, il en opérait trois par semaine afin que lui-même et toute son équipe soient prêts.

Il regarda Ellis tandis que celui-ci traversait la pièce et répondait au téléphone mural. Ellis boitait légèrement, suite d'une blessure qui lui avait sectionné un muscle péronier à la jambe droite lorsqu'il était enfant. Morris s'était toujours demandé si cet accident avait influé sur le choix de sa carrière de neurochirurgien. L'attitude d'Ellis était celle d'un homme décidé à guérir les maux, à arranger ce qui n'allait pas. « Nous vous remettrons d'aplomb », répétait-il toujours à ses malades. Il avait lui-même sa part d'infirmités — claudication, calvitie précoce, mauvaise vue qui l'obligeait à porter des verres épais. Tout cela lui conférait une sorte de vulnérabilité qui rendait plus supportable son caractère irascible.

Morris regarda par la fenêtre la lumière du soleil et le parking. C'était l'heure des visites d'après-midi ; des parents garaient leur voiture et contemplaient les hautes bâtisses de l'hôpital. Leur visage était empreint d'appréhension. Les gens ont peur de l'hôpital.

Ils étaient presque tous bronzés par le soleil. Le printemps avait été chaud à Los Angeles. Morris, lui, avait le teint aussi blanc que sa blouse. « Je devrais sortir plus souvent et prendre l'habitude d'aller déjeuner dehors », se disait-il. Bien sûr, il jouait au tennis, mais généralement tard dans la soirée.

Ellis revint, hochant la tête. « C'est Ethel. Elle a fait sauter ses points de suture.

— Comment est-ce arrivé ? » Ethel, c'était la jeune guenon rhésus qui avait été opérée du cerveau la veille. L'opération avait très bien marché. Et Ethel était d'une docilité surprenante, pour un rhésus.

« Je ne sais, dit Ellis. Je suppose qu'elle a réussi à se dégager le bras. Et la voilà qui hurle. Les os ressortent d'un côté.

— A-t-elle fait sauter ses fils ?

— Je ne sais pas. Mais il faut que j'aille la recoudre. Ici, tu peux te débrouiller ?

— Je pense que oui.

— Avec les flics, ça va ? Je ne crois pas qu'ils te feront des ennuis.

— Non.

— Conduis Benson au septième étage aussi rapidement que possible, dit Ellis. Puis appelle Ross. J'arriverai vite. » Il regarda sa montre. « Il me faudra quarante minutes environ pour recoudre Ethel si elle ne se débat pas trop.

— Bonne chance avec elle », dit Morris. L'air amer, Ellis s'en alla.

Après son départ, l'infirmière du service des urgences reparut. « Qu'est-ce qu'il a, *lui* ? demanda-t-elle.

— Oh ! il est très énervé, c'est tout, fit Morris.

— Ça se voit », dit l'infirmière, qui s'arrêta pour regarder par la fenêtre.

Morris la contemplait à la fois avec indifférence et stupéfaction. Il avait passé assez d'années à l'hôpital pour connaître les degrés subtils de la hiérarchie. Il avait débuté comme interne, sans bénéficier d'aucun statut administratif. La plupart des infirmières en savaient alors plus long que lui en médecine et ne se gênaient pas pour le lui faire remarquer. (« Vous ne devriez pas faire cela, docteur. ») Le temps passant, il devint assistant de chirurgie et fut traité avec plus de déférence par le personnel. Lorsqu'il fut titularisé, en possession de toute l'assurance désirable, quelques-unes des infirmières commencèrent à l'appeler par son prénom. Et finalement, faisant à présent partie du service neuropsychiatrique, cette formalité devenait la consécration de son nouveau statut.

Mais cette infirmière avait aujourd'hui d'autres raisons de tourner autour de lui, parce qu'il avait acquis de l'importance. A l'hôpital, tout le monde savait qu'il allait se passer quelque chose.

Les yeux fixés sur la fenêtre, elle dit : « Le voilà qui arrive. »

Morris se leva et jeta un coup d'œil au-dehors. Un car bleu de police se dirigeait vers le service des urgences, faisant marche arrière pour entrer dans le parking des ambulances.

« Très bien, dit-il. Annoncez-nous au septième étage.

— Oui, docteur ! »

L'infirmière disparut. Deux brancardiers ouvrirent les portes de l'hôpital. Ne sachant rien au sujet de Benson, l'un d'eux dit à Morris : « Attendiez-vous celui-ci ?

— Oui.

— Faut-il le faire inscrire ?

— Non, admission directe. »

Les brancardiers approuvèrent d'un signe de tête et regardèrent l'officier de police qui conduisait le car et qui ouvrit la portière arrière. Deux autres policiers, assis dans le fond, apparurent, clignant des paupières sous le soleil. Puis Benson sortit.

Morris était impressionné chaque fois qu'il le

voyait. Benson était un homme d'une trentaine d'années, rondouillard et timide. Debout près du car, les menottes aux mains, il regardait autour de lui d'un air ahuri. « Hello ! » dit-il à Morris, puis, gêné, il détourna les yeux.

« C'est vous qui le prenez en charge ? dit l'un des flics.

— Oui, je suis le docteur Morris.

— Montrez-nous le chemin, docteur, dit le flic.

— Voudriez-vous lui retirer ses menottes ? » dit Morris.

Benson leva les yeux sur Morris, puis les baissa à nouveau.

« Nous n'avons pas reçu d'ordres à ce sujet. » Les policiers se lancèrent des coups d'œil.

« Je pense qu'il n'y a pas d'inconvénients. » Pendant qu'on lui enlevait les menottes, le chauffeur présenta un formulaire à Morris : transfert du suspect au service médical public. Il signa en deux endroits.

En signant pour la seconde fois, Morris observa Benson. Celui-ci, debout, tranquille, frottait ses poignets et regardait droit devant lui. Le caractère impersonnel de cette transaction, avec ses formules et ses signatures, donnait à Morris la sensation de recevoir un colis postal.

« O.K., dit le chauffeur. Merci, docteur. »

Morris fit entrer Benson et les deux policiers à l'hôpital. Les brancardiers fermèrent les portes. Une infirmière installa Benson dans un fauteuil roulant. Les flics avaient l'air ahuri.

« C'est le règlement de l'hôpital », fit Morris. Ils se dirigèrent tous vers l'ascenseur.

L'ascenseur s'arrêta dans le couloir. Des parents

attendaient pour monter aux étages supérieurs, mais hésitèrent en voyant Morris, Benson dans son fauteuil roulant et les deux policiers.

« Prenez le prochain, je vous prie », leur dit Morris. La porte se ferma, ils montèrent.

« Où est le docteur Ellis ? demanda Benson. Je pensais le trouver ici.

— Il est en chirurgie, il ne tardera pas.

— Et le docteur Ross ?

— Vous la verrez à la présentation.

— Ah ! oui, fit Benson en souriant. A la présentation. »

L'ascenseur arriva au septième étage et tout le monde sortit.

Le septième étage était réservé à la chirurgie spéciale où l'on traitait les cas compliqués et difficiles. L'étage était essentiellement consacré à la recherche. On y soignait les malades les plus gravement atteints, cœur, reins, métabolismes. Ils allèrent au bureau des infirmières, sorte de verrière située au point stratégique, c'est-à-dire au centre du local en forme d'X.

L'infirmière de service leva la tête ; surprise par la présence des flics, elle ne fit aucun commentaire.
« C'est M. Benson, dit Morris, le 710 est-il prêt ?

— Tout est prêt », dit-elle, en adressant un joyeux sourire à Benson. Celui-ci répondit par un sourire mélancolique et porta ses regards sur l'ordinateur placé dans le coin du bureau.

« Vous avez une station adaptée aux techniques du *time-sharing* ?

— Oui, dit Morris.

— Où est le principal ordinateur ?

— Au sous-sol.

— Dans le bâtiment ?

— Oui, il a une énorme puissance et les lignes de force arrivent ici. »

Benson hocha la tête. Ces questions n'étonnaient pas Morris. Benson essayait de ne pas penser à son opération et, après tout, c'était un spécialiste des ordinateurs.

L'infirmière remit à Morris le dossier de Benson. Il était recouvert de plastique bleu portant le cachet de l'hôpital universitaire, une étiquette rouge, qui voulait dire neurochirurgie, une étiquette jaune, surveillance intensive ; une étiquette blanche, que Morris n'avait presque jamais vue, recommandait de prendre des précautions de sécurité.

« C'est mon dossier ? » demanda Benson tandis que Morris poussait son fauteuil roulant dans le vestibule jusqu'au numéro 710. Les flics suivaient derrière.

« Ou... i.

— Je me suis toujours demandé ce qu'il y avait dedans.

— Un tas de notes illisibles. »

En réalité, le dossier de Benson était très épais, parfaitement clair et contenait les résultats des différents tests fournis par l'ordinateur.

Ils arrivèrent au numéro 710. Avant qu'ils entrent dans la chambre l'un des policiers y pénétra et ferma la porte derrière lui. L'autre resta à l'extérieur. « Simple mesure de précaution », dit-il.

Benson lança un coup d'œil à Morris. « Ils veillent soigneusement sur moi », dit-il.

Le premier flic sortit. « Tout est en règle », dit-il.

Morris poussa le fauteuil roulant de Benson dans la chambre. Situé sur la face sud de l'hôpital, la pièce était vaste et ensoleillée l'après-midi. Benson l'examina et fit un signe approbateur.

« C'est une des plus belles chambres de l'hôpital, dit Morris.

— Puis-je me lever ?

— Bien sûr. »

Benson quitta le fauteuil roulant et s'assit sur le lit. Il sauta sur le matelas, pressa les boutons qui levaient et abaissaient le lit, puis se pencha pour regarder le mécanisme au-dessous. Morris alla à la fenêtre, tira les stores afin d'avoir moins de lumière.

« C'est simple, fit Benson.

— Qu'est-ce qui est simple ?

— Ce mécanisme du lit. Remarquablement simple. Il faudrait un système rétroactif pour que les mouvements de la personne qui est couchée soient automatiquement neutralisés », dit-il d'une voix traînante. Il ouvrit les portes du placard, inspecta la salle de bain, puis revint. Morris pensait qu'il ne se comportait pas comme un malade ordinaire. La plupart des patients sont intimidés par l'hôpital, mais Benson était à l'aise comme s'il eût été dans une chambre d'hôtel.

« Je *la prends* », dit-il en riant. Il s'assit sur le lit, regarda Morris, puis les flics.

« Doivent-ils rester ici ?

— Je pense qu'ils peuvent attendre dehors », fit Morris.

Les flics opinèrent du bonnet et sortirent en fermant la porte derrière eux.

« Je voudrais savoir si leur présence ici est nécessaire, dit Benson.

— Oui.

— Tout le temps ?

— Oui, sauf si on ne retient pas les charges qui pèsent sur vous. »

Le visage de Benson s'assombrit.

« Est-ce que... enfin était-ce grave ?

— Vous lui avez poché un œil et fracturé une côte.

— Mais il est remis ?

— Oui, il va bien.

— Je ne me souviens de rien, fit Benson. Ma mémoire ne fonctionne plus du tout.

— Je le sais.

— Mais je suis content qu'il soit guéri.

— Avez-vous apporté du linge, un pyjama ?

— Non, dit Benson, mais je m'arrangerai.

— Je vous procurerai les vêtements de l'hôpital. Pour le moment, vous n'avez besoin de rien ?

— Non, merci... Mais je prendrais bien un verre, dit-il, avec un rire narquois.

— Ça, il faudra vous en passer », dit Morris, puis il sortit de la chambre.

Les flics avaient apporté une chaise devant la porte. L'un s'assit, l'autre resta debout, à côté de lui. D'un coup de pouce Morris ouvrit son calepin.

« Il est bon que vous connaissiez le programme, leur dit-il. Dans une demi-heure une personne du bureau des admissions viendra faire signer à Benson des papiers. Puis à trois heures trente il descendra dans le grand amphithéâtre des Consultations chirurgicales. Il reviendra au bout de vingt minutes. Ce soir on lui rasera le crâne. L'opération aura lieu à six heures demain matin. Avez-vous des questions à poser ?

— Peut-on nous apporter à manger ? demanda l'un d'eux.

— Je dirai à l'infirmière de commander des repas supplémentaires. Pour deux ? Ou pour un seul ?

— Pour un. Nous nous relaierons de huit heures en huit heures.

— J'en parlerai aux infirmières ; tenez-les au courant de vos allées et venues, elles aiment bien savoir qui est à l'étage. »

Les policiers firent un signe de tête ; ils étaient d'accord. Il y eut un moment de silence. Finalement, l'un des deux dit :

« Au fait, qu'est-ce qu'il a ?

— Il est atteint d'un type de lésion cérébrale qui provoque des crises épileptoïdes.

— J'ai vu le type qu'il a rossé, dit un des flics. Un grand gaillard, costaud, qui ressemblait à un chauffeur de camion. On n'imaginerait pas qu'un petit bonhomme comme celui-ci — indiquant du bras la chambre de Benson — soit de force à l'attaquer.

— Quand il a des crises, il est très violent.

— Qu'est-ce que c'est que cette opération qu'on va lui faire ? demandèrent les deux policiers, perplexes.

— C'est un type d'intervention chirurgicale que nous appelons méthode du troisième degré », dit Morris. Il ne se donna pas la peine de fournir d'autres explications qu'ils ne pouvaient comprendre. « Et, se dit-il, comprendraient-ils, qu'ils n'y croiraient pas. »

2

Les grandes consultations neurochirurgicales avaient lieu normalement le jeudi à neuf heures. On y présentait des cas embarrassants que discutaient tous les chirurgiens de l'hôpital. En dehors de ce jour-là il était très rare qu'ils puissent se réunir en séance particulière. Mais à présent l'amphithéâtre était plein à craquer de rangées ininterrompues de blouses blanches et de visages pâles aux regards fixés sur Ellis. Celui-ci ajusta ses lunettes et dit : « La plupart d'entre vous savent que le service de la recherche neuropsychiatrique procédera demain à une opération du système limbique sur un malade humain — c'est ce que nous appelons une intervention du troisièmc degré. »

Le public était grave et silencieux. Dans un coin de l'amphithéâtre, près de la porte, Janet Ross regardait et s'étonnait de cette absence de réaction, mais tout l'hôpital savait que le service chirurgical neuropsychiatrique attendait depuis longtemps un cas du troisième degré.

« Je vous demanderai, dit Ellis, de limiter vos questions quand le malade sera présent. C'est un homme sensible et qui est gravement perturbé. Nous avons estimé qu'il était nécessaire de vous informer de son état psychique avant de vous le présenter. Le docteur Ross qui le suit vous exposera son cas. »

Ellis fit signe au docteur Ross, et celle-ci avança jusqu'au milieu de la pièce.

Elle leva les yeux sur les rangées de visages et eut un instant d'hésitation. Janet Ross était une jolie femme élancée, d'un blond châtain. Elle se trouvait trop maigre et anguleuse et déplorait de manquer de douceur féminine. Mais elle savait qu'elle faisait de l'effet ; après dix années d'expérience dans une profession à prédominance masculine, elle avait appris à utiliser ce pouvoir.

Les bras croisés derrière le dos, elle fit un résumé qu'elle exposa d'un ton rapide et percutant — le ton des grandes consultations.

« Harold Franklin Benson, dit-elle, est âgé de trente-quatre ans. Divorcé. C'est un scientifique, spécialisé dans les ordinateurs. Excellente santé, jusqu'au moment où, il y a deux ans, il eut un accident d'automobile sur la route de Santa-Monica. A la suite de cet accident, il perdit connaissance pendant un laps de temps que nous ignorons. Transporté dans un hôpital de la région, on le garda en observation l'espace d'une nuit et il en ressortit le lendemain en bonne santé. Il alla bien pendant six mois puis commença à avoir ce qu'il appelle des "passages à vide". »

Le public était silencieux ; les visages, tournés vers elle, étaient attentifs.

« Ces passages à vide duraient plusieurs minutes et se produisaient environ une fois par mois. Souvent précédés de perceptions olfactives bizarres et désagréables. Ces passages à vide arrivaient généralement après avoir ingurgité des boissons alcoolisées. Le malade consulta son médecin qui lui dit qu'il travaillait trop et lui recommanda de boire plus modérément. Benson suivit ces prescriptions mais les passages à vide ne cessèrent point.

« Un an après l'accident — c'est-à-dire l'année passée — il constata que les passages à vide étaient de plus en plus fréquents et duraient de plus en plus longtemps. Lorsqu'il revenait à lui il se trouvait dans un environnement qui lui était absolument étranger. Il était parfois couvert de plaies et de bosses, avec des vêtements déchirés qui dénotaient qu'il s'était bagarré. Mais jamais il ne se rappelait ce qui lui était arrivé au cours de ses passages à vide. »

Dans l'assistance, des têtes s'inclinaient en signe d'approbation. On comprenait qu'il s'agissait d'un cas typique de syndrome épileptiforme qui pouvait être traité par la chirurgie. Mais il y avait des cas plus complexes.

« Les amis du malade, continua-t-elle, lui dirent qu'il n'agissait plus comme autrefois, mais il ne tint pas compte de leur opinion. Et peu à peu il perdit contact avec ses anciens amis. A ce moment-là — il y a donc un an — il fit une découverte capitale selon lui. Benson est un scientifique, spécialisé en informatique, et il s'intéresse particulièrement à l'intelligence artificielle. Ses travaux l'ont amené à penser que la machine peut rivaliser avec l'être humain et que finalement c'est la machine qui conquerra le monde. »

Il y eut des murmures dans la salle. Cette authentique histoire éveillait l'intérêt, surtout chez les psychiatres. Manon, le vieux professeur de Ross, assis au dernier gradin, tenait sa tête dans ses mains. Manon savait.

« Benson fit part de sa découverte aux amis qui lui restaient. Ils lui conseillèrent de voir un psychiatre, ce qui le vexa beaucoup. Au cours de cette dernière année, il a acquis la certitude absolue que la machine prendrait possession du monde.

« Puis, il y a six mois, le malade, suspecté d'avoir roué de coups un mécanicien d'aviation, fut arrêté par la police. On renonça à l'inculper faute d'avoir pu identifier formellement le coupable. Mais cet incident bouleversa Benson et le détermina à avoir recours à un psychiatre. Il pressentait vaguement que l'individu qui avait rossé si rudement le mécanicien n'était autre que lui-même. Conjoncture impensable mais soupçon lancinant.

« En novembre 1970 — c'est-à-dire il y a quatre mois — il fut envoyé au service de la recherche neuropsychiatrique de l'hôpital universitaire. Son histoire et ses antécédents — blessure à la tête, violence épisodique précédée d'odeurs bizarres — conduisirent à penser que c'était probablement un cas d'épilepsie temporale. Aujourd'hui nous parlerions plus précisément de syndrome aigu de levée d'inhibitions sur le plan comportemental. Bref, dans cette maladie, qui est d'origine organique, le patient perd épisodiquement ses inhibitions contre les actes de violence. Comme vous le savez, le service neuropsychiatrique n'accepte que des malades dont les troubles du comportement ont des causes organiques que l'on peut soumettre à un traitement.

« Un examen neurologique fut absolument normal. L'électro-encéphalogramme, absolument normal ; l'activité du cerveau n'indiquait rien de pathologique. Après absorption d'alcool un autre électro-encéphalogramme donna, cette fois, un tracé anormal — montrant une activité désordonnée du lobe temporal droit du cerveau. Benson fut donc considéré comme un malade du premier degré — diagnostic net : épilepsie temporale, syndrome aigu de levée d'inhibitions d'origine lésionnelle. »

Elle s'arrêta, reprit son souffle et laissa au public le temps de réfléchir à ce qu'elle venait de dire.

« Le patient est intelligent, dit-elle. Il s'est fait expliquer sa maladie. On lui a dit que son accident d'automobile en touchant le cerveau avait provoqué une forme d'épilepsie qui s'accompagnait de passages à vide, de crises mentales — et non de paralysies corporelles — entraînant une perte d'inhibitions et des actes de violence. On lui dit que ce mal était connu, et qu'on pouvait le soigner. On commença par le traiter par une série de médicaments.

« Il y a trois mois Benson fut arrêté, il était accusé de coups et violences. La victime était une danseuse de vingt-quatre ans qui abandonna les poursuites. L'hôpital intervint, sans beaucoup de conviction, pour le défendre.

« Il y a un mois, les essais de traitement par chimiothérapie furent abandonnés. Aucun des remèdes, morladone, para-amino benzadone ou triamiline, n'avait apporté d'amélioration. Il était par conséquent au deuxième degré — épilepsie temporale, résistance aux remèdes. Et il fut inscrit pour une opération chirurgicale du troisième degré, opération dont nous allons discuter aujourd'hui. » Elle se tut. « Avant de le faire entrer, reprit-elle, je dois ajouter qu'il a attaqué hier après-midi un employé du gaz qu'il a gravement blessé. Son opération est prévue pour demain et nous avons obtenu de la police qu'elle le libère pour nous le confier. Mais il est toujours passible de la justice pour coups et blessures. »

L'amphithéâtre était plongé dans le silence alors qu'elle allait chercher Benson.

Benson, dans son fauteuil roulant, était juste derrière les portes de l'amphithéâtre. Il portait le peignoir rayé bleu et blanc que l'hôpital fournissait à ses malades. Il sourit en voyant Janet Ross.

« Salut, docteur Ross !

— Salut, Harry ! Comment vous sentez-vous ? » Elle sourit à son tour.

Bien sûr, elle savait très bien ce qu'il ressentait. Benson était nerveux et se voyait menacé : les épaules rentrées, les mains crispées sur ses genoux, des gouttes de sueur perlaient sur sa lèvre supérieure.

« Je vais bien, très bien », dit-il.

Derrière Benson, se trouvaient Morris qui poussait le fauteuil roulant et un policier. « Est-ce qu'il entre avec nous ? » demanda Ross.

Sans attendre la réponse de Morris, Benson dit d'un ton léger :

« Il m'accompagne partout. »

Le flic fit un signe de tête et parut embarrassé.

« Très bien », dit-elle.

Elle ouvrit les portes et Morris amena le fauteuil de Benson dans l'amphithéâtre, à côté d'Ellis. Celui-ci vint au-devant de Benson et lui serra la main.

« Nous sommes contents de vous voir.

— Docteur Ellis. »

Morris fit tourner le fauteuil roulant de telle sorte que Benson soit face au public. Ross s'assit à côté de lui, et surveilla le flic qui, près de la porte, s'efforçait de passer inaperçu. Ellis était près de Benson, qui avait les yeux fixés sur une douzaine de radiographies, accrochées à une plaque de verre dépoli et qu'il savait être les images de son cerveau. Ellis s'en aperçut et éteignit la lumière qui les éclairait.

« Nous vous avons demandé de venir ici, dit Ellis, pour répondre à certaines questions des médecins. Cela ne vous impressionne pas ? »

Le visage de Ross s'assombrit. Elle avait assisté à des centaines de grandes consultations où l'on demandait invariablement aux malades si les regards scrutateurs de l'aréopage ne les gênaient pas. A cette question directe ils répondaient toujours négativement.

« Bien sûr, ils m'énervent, fit Benson. Ils énerveraient n'importe qui. »

Ross réprima un sourire. « A la bonne heure, Ellis a ce qu'il mérite. »

Et Benson poursuivit :

« Si vous étiez une machine et que je vous présente à un groupe de savants spécialisés dans les ordinateurs, réunis pour découvrir vos défectuosités et vos tares, et pour essayer d'y remédier, qu'éprouveriez-vous ? »

Ellis était décontenancé. Il passa la main dans ses cheveux clairsemés et lança un coup d'œil à Ross. Celle-ci fit non, de la tête. Ce n'était pas le moment d'exposer la psycho-pathologie de Benson.

« Moi aussi, je m'énerverais à votre place, dit Ellis.

— Alors, vous voyez ? » fit Benson.

Ellis encaissa le camouflet. « Il fait exprès de l'exaspérer, se dit Ross. Pourvu que Benson ne s'y laisse pas prendre. »

« Mais, dit Ellis, moi je ne suis pas une machine. » Ross tressaillit.

« Ça dépend, fit Benson. Certaines de vos fonctions sont répétitives et mécaniques. De ce point de vue il est facile de les prévoir et elles sont relativement franches.

— Je pense, dit Ross en se levant, que le

moment est venu d'écouter les questions de ceux qui sont ici présents. »

Ellis manifestement n'apprécia pas cette interruption, mais il garda le silence et bien heureusement Benson n'ouvrit pas la bouche. Elle observa le public et au bout d'un instant quelqu'un, qui était au fond, leva la main et dit :

« Monsieur Benson, pouvez-vous nous en dire davantage sur les odeurs que vous sentez avant vos passages à vide ?

— Non, dit Benson, tout ce que je peux dire c'est qu'elles sont très étranges, qu'elles sentent très mauvais mais ne ressemblent à rien de connu. Vous comprenez ce que je veux dire ? On ne peut pas les identifier, ni les comparer à aucune autre odeur. Les bandes magnétiques de la mémoire tournent à vide.

— Enfin, pouvez-vous nous donner une approximation de ces odeurs ? »

Benson haussa les épaules.

« Peut-être du fumier de cochon dans de la térébenthine. »

Une autre main se leva.

« Monsieur Benson, en même temps que vos passages à vide devenaient plus fréquents, devenaient-ils aussi plus longs ?

— Oui, à présent, ils durent plusieurs heures.

— Après, que ressentez-vous ?

— J'ai mal à l'estomac.

— Pouvez-vous être plus explicite ?

— Parfois je vomis, est-ce assez précis ? »

Ross avait une mine contrariée. Elle voyait que Benson commençait à se fâcher.

« Y a-t-il d'autres questions ? » demanda-t-elle avec l'espoir qu'il n'y en aurait pas. Elle leva les yeux sur le public. Il y eut un long silence.

« Eh bien, dit Ellis, nous pouvons peut-être continuer à discuter des détails de l'opération du troisième degré. M. Benson est au courant de tout cela, il peut donc, selon sa préférence, rester ou partir. »

Ross n'était pas d'accord. Ellis paradait avec cet instinct du chirurgien qui veut prouver à tout le monde que son patient accepte béatement de se laisser mutiler et charcuter. Elle n'admettait pas qu'on pût oser inviter Benson à rester dans cet amphithéâtre.

« Je reste, fit Benson.

— Très bien », dit Ellis. Il se dirigea vers le tableau noir et fit un croquis schématique du cerveau. « Nous considérons, dit-il, que la maladie évolue de la façon suivante : une portion du cerveau est atteinte d'une lésion et il se forme une cicatrice semblable à toute cicatrice dans les autres organes du corps — accumulation de tissu fibreux, beaucoup de contractions et de distorsions. Cela devient un foyer de décharges électriques anormales. Nous voyons des mouvements qui sortent de ce foyer comme les rides que fait un caillou lancé dans un étang. »

Ellis dessina un point sur le cerveau, entouré de cercles concentriques.

« Ces ondes électriques provoquent une crise. Dans certaines parties du cerveau le foyer de décharges produit des accès de tremblement, une bouche écumante, etc. Dans d'autres parties, d'autres effets. Si le siège du mal se trouve dans une partie du lobe temporal, comme c'est le cas pour M. Benson, cela donne un syndrome aigu de levées d'inhibitions. Des idées bizarres, qui s'accompagnent quelques fois d'un comportement violent, précédées par une aura caractéristique qui est souvent une odeur. »

Benson regardait, écoutait, approuvait.

« Or, nous savons maintenant, dit Ellis, grâce aux travaux de nombreux chercheurs, qu'il est erroné de considérer ces épisodes de levée d'inhibitions comme des crises d'épilepsie au sens habituel du terme. Elles peuvent être simplement des périodes de dysfonctionnement cérébral résultant de lésions organiques.

Néanmoins, ces épisodes critiques ont tendance à se dérouler selon certaines caractéristiques, aussi, pour plus de commodité, nous les appelons des crises. Nous savons qu'il est possible d'éviter la crise en déclenchant un choc électrique dans une partie exactement déterminée de la substance cérébrale. Ces crises commencent lentement. Il se passe quelques secondes — parfois une demi-minute — avant que le phénomène de levée d'inhibitions ne se produise. A ce moment-là, un choc évite la crise. »

Il dessina un grand X sur les cercles concentriques. Puis il dessina un nouveau cerveau, puis une tête, et un cou.

« Nous sommes devant deux problèmes, dit-il. Premièrement dans quelle partie du cerveau faut-il provoquer un choc ? Eh bien, nous savons à peu près que c'est dans la région amygdalienne, région postérieure du système dit limbique. Où, *exactement*, nous ne le savons pas, mais nous résoudrons ce problème en implantant de nombreuses électrodes dans le cerveau. Nous implanterons demain matin quarante électrodes à M. Benson. »

Il dessina deux lignes sur le cerveau.

« Maintenant — deuxième problème — comment prévoir qu'une crise va avoir lieu ? Il faut que nous sachions à quel moment nous devons déclencher notre choc "abortif". Les mêmes électrodes qui servent à produire le choc nous permettront heureusement de “lire” l’activité électrique du cerveau. Il y a un tracé électrique qui précède la crise. »

Ellis s’arrêta, lança un regard à Benson, puis à l’assemblée.

« Nous avons donc un système de *feed-back* ou système rétroactif — les mêmes électrodes sont utilisées pour déceler l’annonce d’une crise et pour déclencher un choc qui neutralisera la crise. Un ordinateur contrôle le mécanisme rétroactif. »

Il dessina un petit carré sur le cou de la figure schématique.

« L’équipe de chirurgie neuropsychiatrique a mis au point un ordinateur qui contrôlera l’activité électrique du cerveau et qui, lorsque la crise commencera, transmettra un choc à la partie intéressée et exactement circonscrite du cerveau. Cet ordinateur a la dimension d’un timbre-poste et pèse environ trois grammes. Il sera implanté sous la peau du cou du malade. »

Il dessina ensuite un rectangle sous le cou et attacha des fils au carré de l’ordinateur.

« Nous chargerons l’ordinateur avec une pile de plutonium Handler PP-J, qui sera implantée sous la peau de l’épaule ; elle donnera au patient unc parfaite indépendance. Cette pile fournira de l’énergie en permanence pendant vingt ans. » Avec sa craie il frappait à petits coups sur les différentes parties de son diagramme. « C’est le circuit rétroactif parfait — allant du cerveau aux électrodes, à l’ordinateur, à la pile et retour au cerveau. Un circuit fermé sans dérivation externe. »

Il se tourna vers Benson qui avait écouté cet exposé avec une expression doucement ironique.

« Avez-vous des observations à faire, monsieur

Benson ? Voulez-vous dire ou ajouter quelque chose ? »

Dans son for intérieur, Ross protestait. Elle savait bien qu'Ellis essayait seulement de montrer de la considération pour son malade, mais il avait tort de demander à un patient d'émettre une opinion avant un acte chirurgical si effrayant, comme si ce malade lui-même n'allait pas y être soumis. C'était trop lui demander. « Non, fit Benson, je n'ai rien à dire. » Et il bâilla.

Benson sortit de l'amphithéâtre dans son fauteuil roulant et Ross l'accompagna, parce qu'elle s'inquiétait de son état et qu'elle éprouvait quelque remords de la manière dont Ellis l'avait traité.

« Comment vous sentez-vous ?

— J'ai trouvé cela intéressant, dit-il.

— Pour quelle raison ?

— Eh bien, la discussion était entièrement médicale, je m'attendais à une approche plus philosophique.

— Nous sommes des gens pratiques, dit-elle, d'un ton dégagé, qui traitons un problème pratique. »

Benson sourit.

« Newton aussi l'était, dit-il. Quoi de plus pragmatique que la question de savoir pourquoi une pomme tombe sur le sol ?

— Voyez-vous vraiment une signification philosophique dans tout cela ? »

Benson inclina la tête. « Oui, dit-il, et vous aussi. Vous faites semblant de ne pas le savoir. »

Elle s'arrêta alors dans le corridor, et regarda Benson dans son fauteuil roulant que l'on conduisait à l'ascenseur. Benson, Morris et le policier attendaient. Morris pressa sur le bouton avec l'agressivité et l'impatience qui le caractérisaient.

Enfin l'ascenseur arriva et ils montèrent. Benson fit un dernier signe de la main et la porte se ferma.

Elle retourna à l'amphithéâtre.

« ... en évolution depuis dix ans, disait Ellis. On commença par des régulateurs des mouvements du cœur dont le changement de piles exige une petite intervention chirurgicale presque chaque année, ce qui est un ennui pour le chirurgien et pour le malade. La pile atomique offre toute sécurité et dure longtemps. Nous changerons l'accumulateur de M. Benson en 1990, s'il vit à cette époque-là. »

Janet Ross se glissa dans la salle au moment où l'on posait une nouvelle question.

« Comment pourrez-vous déterminer celle des électrodes qui évitera une crise ?

— Nous les implanterons toutes, dit Ellis, et nous établirons le circuit électronique. Mais nous n'enfermerons pas les électrodes pendant vingt-quatre heures. Le lendemain de l'opération, nous stimulerons par radio chacune des électrodes et nous verrons celles qui fonctionnent le mieux. Nous enfermerons celles-ci grâce à un dispositif à distance. »

Sur les derniers gradins, une voix familière toussa et dit : « Ces détails techniques sont intéressants, mais ils éludent, semble-t-il, la question principale. »

Ross leva la tête et vit Manon qui parlait. Manon avait près de soixante-quinze ans ; professeur honoraire de psychiatrie, il venait rarement à l'hôpital. On le considérait comme un vieil excentrique, ayant perdu tout contact avec les idées nouvelles.

« Il me semble, poursuivit Manon, que le malade est atteint de psychose.

— C'est aller un peu trop loin, dit Ellis.

— Peut-être, dit Manon, mais il présente, pour

le moins, un très grave trouble de la personnalité. Cette confusion entre l'être humain et la machine est assez préoccupante.

— Les troubles de la personnalité sont un des aspects de sa maladie, dit Ellis. Dans un article récent, Harley et ses collaborateurs à Yale ont déclaré que cinquante pour cent des patients atteints de ce type de lésion avaient des troubles de la personnalité qui étaient indépendants des crises elles-mêmes.

— En effet, dit Manon, d'un ton légèrement irrité, ces troubles font partie de sa maladie, indépendamment des crises. Mais, par votre méthode, allez-vous les guérir ? »

Janet Ross appréciait en silence l'intervention de Manon qui aboutissait exactement aux conclusions qui étaient les siennes.

« Non, fit Ellis, il est probable que nous ne les guérirons pas.

— Je voudrais dire quelques mots, dit Manon, en jetant un regard sévère sur l'auditoire. Je redoute beaucoup de voir le service de chirurgie neuropsychiatrique se lancer dans les idées que vous venez d'exposer. Je ne m'en prends pas à vous, particulièrement ; il s'agit d'un problème général de la profession médicale.

« Par exemple, quand nous avons affaire à une tentative de suicide : on nous amène quelqu'un qui a pris avec excès médicaments ou stupéfiants. On lui fait un lavage d'estomac, un sermon et on le renvoie chez lui. C'est un traitement, mais pas une guérison. Ce malade nous reviendra, tôt ou tard. Le lavage d'estomac ne guérit pas la dépression.

— Je vois ce que vous voulez dire, mais...

— Je vous rappelle aussi le cas de M.L. Ça s'est passé à l'hôpital, vous en souvenez-vous ?

— Je ne vois pas ce que M.L. a à voir ici, dit Ellis, d'un ton exaspéré.

— Je n'en suis pas aussi sûr que vous », dit Manon.

De nombreux visages étaient tournés vers lui.

« M.L. fut un cas célèbre ici, il y a quelques années. Il s'agissait d'un homme de trente-neuf ans atteint au dernier degré d'une maladie du rein, bilatérale. Néphrite glomérulée chronique. Il était considéré comme candidat à une greffe du rein. Nos possibilités de greffe se trouvant limitées, les malades se voient désignés par un comité chargé de la sélection. Les psychiatres du comité s'opposaient fermement à la greffe de M.L. parce qu'il était atteint d'une maladie mentale. Il croyait que le soleil était maître du monde et refusait de sortir pendant le jour. Nous estimions qu'il était trop instable pour tirer profit d'une opération du rein que néanmoins l'on pratiqua finalement. Six mois après, il se suicidait. C'est un drame. Mais la vraie question est de savoir si quelqu'un d'autre n'aurait pu bénéficier des milliers de dollars et des savants efforts qui ont été consacrés à cette transplantation. »

Ellis faisait les cent pas, traînant légèrement le pied de sa jambe malade. Ross savait que cela lui arrivait quand il sentait son jugement mis en question et contesté. Ordinairement Ellis dissimulait son infirmité qui était presque imperceptible et n'apparaissait qu'à ceux qui l'observaient de très près. Mais lorsqu'il était fatigué, en colère ou sous le coup d'une menace, il boitait visiblement. On eût dit alors qu'il cherchait inconsciemment la sympathie : « Ne m'attaquez pas, je suis estropié. »

« Je comprends votre objection, dit Ellis. Mais vous présentez votre argument de telle façon qu'on ne peut y répondre. Je voudrais considérer le problème d'un point de vue différent. Il est parfaitement exact que Benson présente des troubles mentaux et que notre opération ne changera probablement rien à cela. Mais qu'arrivera-t-il *si* nous ne l'opérons pas ? Nous savons que ses crises risquent de lui coûter la vie et de la faire perdre aux autres ; elles l'ont déjà entraîné à commettre des délits et elles sont de plus en plus graves. L'opération lui évitera les crises et nous pensons que c'est là un résultat important pour le malade. »

Du haut des gradins, Manon eut un petit haussement d'épaules. Janet Ross connaissait son geste qui était le signe de désaccords inconciliables.

« Eh bien, dit Ellis, y a-t-il d'autres questions ? »

Personne ne répondit.

3

« Le chameau, dit Ellis, en s'essuyant le front. Il ne m'a pas fait la moindre concession. »

Janet Ross traversa le parking avec lui en direction du bâtiment de la recherche Langer. C'était la fin de l'après-midi, le soleil jaunissant répandait une lumière pâle et sans chaleur.

« Son point de vue se défend », dit-elle doucement.

Ellis poussa un soupir :

« J'oublie toujours que vous êtes de son côté.

— Pourquoi l'oubliez-vous ? » dit-elle, en souriant. Comme psychiatre du service de chirurgie neuropsychiatrique, elle s'était opposée, dès le début, à l'opération de Benson.

« Voyons, dit Ellis. Nous faisons ce que nous pouvons. Ce serait magnifique de le guérir mais c'est impossible. Nous ne pouvons que l'aider avec un traitement partiel. Et c'est ce que nous ferons. Nous l'aiderons. Rien n'est parfait. »

Elle marchait à côté de lui, en silence. Bien souvent elle avait fait part de son opinion à Ellis. Il se pouvait que l'opération ne l'améliore pas, mais qu'elle aggrave encore son cas. Elle était bien certaine qu'Ellis envisageait cette possibilité mais qu'il s'obstinait à ne pas en tenir compte.

Elle éprouvait une certaine amitié pour Ellis, une amitié relative, comme celle que lui inspiraient les chirurgiens, en général. A ses yeux ils étaient tous avides d'intervenir, désespérément portés vers l'action et attirés par l'exploit physique (profession presque exclusivement masculine, ce qu'elle trouvait significatif). A cet égard, Ellis valait mieux que beaucoup d'autres. Avant Benson, il avait refusé plusieurs candidats à l'opération du troisième degré, ce qui, de sa part, était méritoire parce qu'elle le savait terriblement désireux de pratiquer ce type d'intervention.

« Tout cela me fait horreur, dit Ellis. La politique hospitalière.

— Mais vous souhaitez pourtant opérer Benson...

— Je suis prêt, dit Ellis. Nous sommes tous prêts. Il faut que nous fassions ce premier grand pas, et c'est le moment. Pourquoi avez-vous l'air si hésitant ?

— Parce que j'hésite, en effet », dit-elle.

Ils arrivèrent au bâtiment Langer. Ellis allait dîner de bonne heure avec McPherson. « Encore un dîner politique », fit-il, énervé. Elle prit l'ascenseur jusqu'au quatrième étage.

Après dix années d'expansion progressive, le service de la recherche neuropsychiatrique occupait aujourd'hui la totalité du bâtiment Langer. Les autres étages étaient d'un blanc froid mais le S.N.P. était peint de couleurs vives et franches dans l'intention de créer une atmosphère d'optimisme et de gaieté qui exerçait l'effet contraire sur Ross. Elle lui trouvait un caractère artificiel et faux comme une école maternelle pour enfants retardés.

Elle sortit de l'ascenseur. Au bureau de la réception l'un des murs était bleu vif et l'autre rouge. Ici, comme tout ce qui concernait le service de neuro-psychiatrie, les couleurs avaient été choisies par McPherson. « C'est drôle, se dit-elle, comme toute organisation reflète la personnalité du patron. » Avec son optimisme illimité, McPherson semblait avoir les qualités requises pour s'occuper d'un jardin d'enfants.

Il fallait être rudement optimiste pour prendre la décision d'opérer Harry Benson.

Le service était silencieux à cette heure-là où presque tout le personnel était parti pour la nuit. Elle traversa le corridor et passa devant les portes où des écriteaux indiquaient : Sono-Encéphalographie — Fonction Corticale — Electro-Encéphalogrammes — Pariétal T, puis à l'extrémité du couloir, le Service Électronique. Les travaux qui étaient exécutés derrière ces portes étaient aussi compliqués que les écriteaux et ceci n'était que la section des soins aux malades, ce que McPherson appelait le service des « Applications ».

La section Applications était banale comparée à celle des Développements, consacrée aux recherches les plus extraordinaires au point de vue chimique, physique, électronique. Sans parler des grands projets comme George et Martha, ou comme la formule Q. Les Développements étaient en avance de dix ans sur les Applications — or la section Applications était déjà très avancée.

L'année précédente, McPherson avait prié Ross de faire visiter le S.N.P. à un groupe de reporters scientifiques. Il l'avait désignée, avait-il dit, « parce qu'elle n'y connaissait rien ». Elle avait été assez choquée de s'entendre traiter ainsi, car il était généralement paternel et courtois.

Mais les reporters avaient reçu un choc autrement grand. Elle devait leur montrer les deux sections Applications et Développements, mais après avoir visité la première ils étaient si bouleversés, si anéantis par ce qu'ils avaient vu, qu'elle avait interrompu l'entretien.

Par la suite, elle s'en préoccupa beaucoup. Les reporters n'étaient ni naïfs ni inexpérimentés, ils passaient leur vie dans les milieux scientifiques, et pourtant ce qu'elle leur avait montré leur avait coupé le souffle. Elle qui travaillait au service neuropsychiatrique depuis trois ans s'était peu à peu habituée aux expériences qu'on y faisait.

L'union de l'homme et de la machine, du cerveau humain et du cerveau électronique ne lui paraissait plus bizarre ni inquiétante. C'était simplement le chemin du progrès.

En revanche, elle s'opposait à cette opération du troisième degré sur Benson. Dès le début, elle s'y était opposée. Elle pensait que Benson ne présentait pas les conditions requises, que le sujet était mal choisi, et elle n'avait plus qu'un seul moyen de le prouver.

Au bout de corridor, elle s'arrêta devant la porte du laboratoire électronique, écouta le sifflement des machines qui tiraient les épreuves. Elle entendit des voix et entra. Ce laboratoire électronique était le cœur du service neuropsychiatrique. Les murs et les plafonds étaient insonorisés, souvenir de l'époque où les télétypes résonnaient bruyamment. A présent on utilisait des tubes cathodiques silencieux ou une machine qui répandait les lettres par un jet au lieu de les imprimer mécaniquement, et ce jet constituait maintenant le seul bruit de la pièce. Mc Pherson avait tenu à transformer cette installation afin de la rendre plus silencieuse pour ne pas gêner les malades qui venaient se soigner au service neuropsychiatrique.

Gerhard était là, ainsi que son assistant. On les appelait les jumeaux sorciers — Gerhard n'avait que vingt-quatre ans et Richards était encore plus jeune que lui. Ils étaient en marge du personnel du service de neuropsychiatrie, ils considéraient le laboratoire électronique comme un terrain de jeu rempli de jouets compliqués. Ils y passaient de longues heures mais avaient des horaires irréguliers et fantaisistes, arrivant par exemple à la fin de l'après-midi et restant jusqu'au petit jour. Ils assistaient rarement aux réunions et aux conférences, ce qui indignait McPherson. Mais ils étaient indéniablement utiles et efficaces.

Gerhard portait des bottes de cow-boy, une salopette, et des chemises satinées à boutons de perle. A l'âge de treize ans il avait construit une fusée à combustible solide, derrière sa maison à Phoenix. Cette fusée possédait un système électronique remarquable et Gerhard pensait la faire éclater sur orbite. Ses voisins, qui voyaient la tête de la fusée dans le garage de la cour, furent affolés et appelèrent la police qui finalement alerta l'armée.

Les militaires examinèrent la fusée de Gerhard et l'expédièrent à White Sands où l'on procéda au lancement. La fusée explosa à une hauteur de deux milles. Gerhard avait alors obtenu quatre brevets pour son mécanisme de guidage à distance et nombre de bourses d'universités et de primes industrielles. Il les refusa toutes, laissa à son oncle le soin de placer ses droits d'inventeur et, dès qu'il fut en âge de conduire, acheta une Maserati. Il alla travailler pour Lockheed à Palmdale, Californie, mais n'ayant pas les titres officiels il ne put avoir d'avancement et partit au bout d'un an. Il est vrai aussi que ses collègues ne voyaient pas d'un très bon œil ce gamin de dix-sept ans qui possédait une

Maserati Ghibli et qui travaillait une partie de la nuit ; « il n'a pas l'esprit d'équipe », disaient-ils.

C'est alors que McPherson l'engagea au Service neuropsychiatrique pour y créer des instruments électroniques destinés à coopérer avec le cerveau humain. McPherson, directeur du S.N.P., avait interviewé des douzaines de candidats qui considéraient la tâche qui leur était proposée comme un « défi » ou comme une intéressante application des systèmes. Gerhard déclara que cela l'amusait beaucoup et fut immédiatement engagé.

Richards avait un passé analogue. Après des études secondaires il avait fréquenté l'Université pendant six mois avant d'être appelé au régiment. Il était sur le point d'être envoyé au Viêt-nam au moment où il proposa des améliorations aux dispositifs électroniques de l'armée. Les résultats furent satisfaisants et pour lui la guerre se passa dans un laboratoire de Santa-Monica. Une fois démobilisé, il entra au Service neuropsychiatrique.

Les sorciers jumeaux : Ross sourit.

« Ohé ! Janet, dit Gerhard.

— Comment vas-tu ? » fit Richards.

Tous deux étaient spontanés et désinvoltes, et les seuls à l'hôpital qui se permettaient d'appeler McPherson « Rog ».

« O. K., dit-elle. Notre troisième degré a passé la grande visite. Je vais aller le voir.

— Nous terminons une vérification sur l'ordinateur, dit Gerhard. Ça gaze. » Il lui montra une table surmontée d'un microscope entouré d'un enchevêtrement de compteurs et de cadrans électroniques.

« Où est-il ?

— Sous la platine. »

Elle regarda de plus près. Sous la lentille du

microscope elle vit une enveloppe de plastique de la dimension d'un timbre-poste. A travers le plastique un fouillis de composants électroniques. Quarante points de contact dépassaient du plastique. A l'aide du microscope les jumeaux vérifiaient successivement les points avec de fins stylets.

« Les circuits de logique sont vérifiés les derniers, dit Richards, et nous avons une unité de secours, en cas de besoin. »

Janet se dirigea vers les étagères où étaient rangées les fiches de classement. « N'avez-vous plus de formules de psychotests ?

— Si, elles sont là. » Gerhard prit dans un tiroir une feuille de carton et une de plastique à agrafe à laquelle était attachée une pointe de métal qui ressemblait à un crayon.

« Ce n'est pas pour le malade du troisième degré ?

— Si, dit-elle.

— Mais combien de psychotests ne lui as-tu déjà faits ?

— Ça fera un de plus, pour le dossier. »

Gerhard lui tendit la carte et l'attache.

« Est-ce que ton troisième degré se rend compte de ce qui se passe ?

— Oui.

— Il doit être fou.

— Il l'est, dit-elle, et c'est bien là le problème. »

Au septième étage, elle s'arrêta au poste des infirmières pour demander le dossier de Benson. Une nouvelle infirmière lui dit :

« Je regrette, mais la famille n'est pas autorisée à prendre connaissance des dossiers.

— Je suis le docteur Ross.

— Excusez-moi, fit l'infirmière, décontenancée, je n'ai pas vu la liste des noms. Votre malade est au 704.

— Quel malade ?

— Le petit Jerry Peters. »

Janet Ross était déconcertée.

« N'êtes-vous pas la pédiatre ? demanda finalement l'infirmière.

— Non, je suis psychiatre et j'appartiens au Service neuropsychiatrique. »

Elle fut frappée par l'éclat strident de sa propre voix. Mais elle avait grandi au milieu de gens qui lui disaient : « Vous n'allez pas être médecin, vous feriez mieux d'être infirmière », ou : « Pour une femme, il est plus normal d'être pédiatre... »

« Oh ! fit l'infirmière. Donc vous voulez M. Benson au 710. Il est prêt.

— Merci », dit-elle. Elle prit le dossier et traversa le couloir pour aller à la chambre de Benson. Elle frappa à la porte et entendit des coups de revolver. Elle ouvrit. Seule une petite lampe de chevet éclairait faiblement la pièce qui baignait dans la lueur bleuâtre de la télévision. Sur l'écran un homme disait :

« ... mort avant d'être tombé à terre. Deux balles en plein cœur. »

« Hello ! » dit-elle en ouvrant la porte toute grande. Benson jeta un coup d'œil sur elle. Sourit et pressa un bouton pour fermer la T.V. Il avait la tête enveloppée dans une serviette.

« Comment vous sentez-vous ? » demanda-t-elle en entrant. Elle s'assit près du lit.

« Nu, dit-il, en touchant la serviette. C'est drôle. On ne se rend compte de la quantité de cheveux qu'on a que lorsqu'on vous les coupe. Pour une femme, ce doit être pire. » Puis il la regarda d'un air gêné.

« Ce n'est amusant pour personne, fit-elle.

— Je suppose que non. » Il laissa aller sa tête sur l'oreiller.

« Lorsqu'ils eurent terminé j'ai regardé dans la corbeille à papier — j'étais stupéfait de cette quantité de cheveux. Et j'avais la tête toute froide. C'est très curieux, une tête froide. Ils m'ont mis une serviette autour. Je voulais me regarder dans une glace mais ils m'ont dit que ce n'était pas une bonne idée. Alors j'ai attendu qu'ils soient partis et je suis sorti du lit pour aller dans la salle de bains. Mais quand je suis arrivé là...

— Oui ?

— Je n'ai pas enlevé la serviette, dit-il en riant. Je n'ai pas pu. Qu'est-ce que ça veut dire ?

— Je ne sais pas. Que croyez-vous que ça veuille dire ? »

Il rit encore une fois. « Pourquoi donc les psychiatres ne répondent-ils jamais franchement ? » Il alluma une cigarette et la regarda avec défi. « On m'a dit de ne pas fumer, mais je fume quand même.

— Je ne crois pas que cela ait d'importance », dit-elle. Elle l'examinait attentivement. Il avait l'air de bonne humeur et elle se gardait bien de lui ôter ses bonnes dispositions. Mais, par ailleurs, il ne convenait pas d'être si jovial la veille d'une opération du cerveau.

« Ellis sort d'ici, dit-il, en lançant des bouffées de fumée. Il a tracé des marques sur mon crâne. Vous voyez ? » Il souleva légèrement le côté droit de la serviette qui découvrit la chair pâle et blanche. Deux X bleus étaient placés derrière l'oreille.

« J'ai une drôle de mine ? demanda-t-il en ricanant.

— Non, vous avez bonne mine, dit-elle. Comment vous sentez-vous ?

— Bien.

— Pas d'inquiétude ?

— Non, c'est-à-dire, de quoi m'inquiéterais-je ? Que puis-je faire ? Je suis entre vos mains et celles d'Ellis... » Il se mordit les lèvres. « Bien sûr je suis inquiet.

— Qu'est-ce qui vous inquiète ?

— Tout », dit-il. Il mâchonnait sa cigarette. « Tout. Je me demande si je pourrai dormir. Comment je serai demain. Comment je serai finalement quand ce sera terminé. Une erreur peut se produire. Et si j'étais transformé en légume ? Et si je souffre ? Et si je...

— Meurs ?

— Ça aussi, bien sûr.

— Vraiment c'est une très petite opération. A peine plus compliquée qu'une appendicite.

— Je parie que vous dites cela à tous les opérés du cerveau.

— Non, réellement. C'est une opération simple et courte, qui durera une heure et demie, environ. »

Il hocha vaguement la tête. Elle n'était pas sûre de l'avoir rassuré.

« Vous savez, dit-il, je ne peux me faire à l'idée que cela va arriver. Je continue à croire qu'à la dernière minute, demain matin, on viendra me dire : Monsieur Benson, vous êtes guéri, vous pouvez rentrer chez vous.

— Nous espérons que l'opération vous guérira. » Elle lui dit cela d'un air très naturel mais se sentait un peu coupable.

« Vous êtes si raisonnable, sapristi ! que par moments je ne puis vous supporter.

— Maintenant, par exemple ? »

Il posa de nouveau sa main sur la serviette qui lui entourait la tête.

« Enfin, bon Dieu ! ils vont tout de même percer des trous dans mon cerveau, poser des fils.

— Vous le savez depuis longtemps.

— Bien sûr. Bien sûr. Mais c'est pour demain matin.

— Êtes-vous en colère ?

— Non, mais terrifié.

— Que vous soyez terrifié, c'est parfaitement normal, mais surtout ne vous laissez pas entraîner à la colère. »

Il écrasa sa cigarette et immédiatement en alluma une autre. Pour changer de sujet il montra du doigt la fiche cartonnée qu'elle avait sous le bras.

« Qu'est-ce que c'est ?

— Un autre psychotest. Je voudrais que vous y répondiez.

— A présent ?

— Oui. Juste pour le dossier. »

Il fit un geste d'indifférence. A combien de psychotests n'avait-il déjà répondu ! Elle lui donna le questionnaire.

« Préféreriez-vous être un éléphant ou un babouin ?

— Les éléphants vivent trop longtemps. » Il perfora la carte avec un poinçon de métal.

« Si vous étiez une couleur, préféreriez-vous être vert ou jaune ?

— Jaune, je suis déjà très jaune. » Il rit et fit un deuxième trou.

Elle attendit qu'il eût coché les trente questions. Il lui tendit la fiche et lui dit :

« Y serez-vous demain ?

— Oui.

— Serai-je assez bien éveillé pour vous reconnaître ?

— Je pense que oui.

— Et quand est-ce que j'en sortirai ?

— Demain après-midi ou dans la soirée.

— Si vite ?

— C'est vraiment une très petite opération », répéta-t-elle.

« Oui, bien sûr », semblait-il dire. Elle lui demanda alors s'il avait besoin de quelque chose. « Un ginger-ale », dit-il. Elle lui répondit qu'il ne devait rien prendre au cours des douze heures précédant l'opération. Et qu'on lui donnerait des calmants pour dormir et d'autres calmants le matin avant l'intervention chirurgicale. Elle lui souhaita un bon sommeil.

Tandis qu'elle se retirait elle entendit le déclic de la télévision et une voix métallique : « Écoutez-moi, lieutenant, il y a un assassin qui court là-bas, dans une ville de trois millions d'habitants... »

Elle ferma la porte.

Avant de quitter l'étage elle glissa dans le dossier une courte note qu'elle souligna en rouge pour attirer l'attention des infirmières :

Résumé psychiatrique d'admission

Cet homme de trente-quatre ans donne depuis deux ans tous les signes d'un syndrome aigu de levées d'inhibitions lésionnel. L'étiologie montre que les troubles sont probablements dus à un traumatisme causé par un accident d'automobile. Le malade a déjà tenté de tuer deux personnes et a été mêlé à plusieurs rixes. S'il se plaint de « sensations bizarres » et de « mauvaises odeurs », le personnel de l'hôpital voudra bien considérer que ce sont les prodromes d'une crise et avertir immédiatement le service neuropsychiatrique et la direction de l'hôpital.

Le malade présente des troubles de la personnalité qui font partie de sa maladie. Il est convaincu que les machines vont gouverner le monde. Il est inutile de le contredire, ce qui susciterait en lui soupçons et hostilité. Il ne faut pas oublier que c'est un homme sensible et très intelligent. Il peut arriver que le malade soit parfois très exigeant mais il est recommandé de le traiter avec fermeté et respect.

Son comportement intelligent peut faire oublier qu'il n'est pas responsable de ses attitudes. Il est atteint d'un mal organique qui affecte son état mental. Enfin il est profondément effrayé de ce qui lui arrive.

Janet Ross,
docteur en médecine,
Service neuropsychiatrique.

4

« Je ne comprends pas », dit l'homme des Relations publiques.

Ellis soupira. McPherson sourit patiemment et dit :

« Nous sommes en présence d'une cause organique qui provoque des accès de violence. C'est ainsi qu'il faut considérer le cas. »

Ils étaient installés tous les trois au restaurant des Quatre-Rois, proche de l'hôpital. Ce dîner était une idée de McPherson qui avait insisté pour qu'Ellis y assistât.

Ellis pria le garçon de lui apporter un autre café. « Ça va peut-être m'empêcher de dormir, se dit-il, mais tant pis. » De toute façon, il ne dormirait pas beaucoup cette nuit, veille de sa première intervention du troisième degré sur un sujet humain.

Il savait qu'il s'agiterait dans son lit et qu'il repasserait par la pensée toutes les phases de l'opération. Il avait expérimenté ce procédé chirurgical sur quantité de singes. Cent cinquante-quatre singes exactement. Non sans difficultés, car ils arrachaient leurs points de suture, tiraient sur les fils, criaient, se débattaient et mordaient.

« Du cognac ? demanda McPherson.

— Volontiers », dit l'homme des relations publiques. McPherson questionna Ellis du regard. Celui-ci fit un signe négatif, versa de la crème dans son café, réprima un bâillement. Vraiment cet homme qui était devant lui ressemblait un peu à un singe. Un jeune rhésus. Même mâchoire inférieure proéminente, même vivacité des yeux.

Son nom était Ralph. Ellis ne connaissait que son prénom. Les gens des relations publiques ne se présentent pas sous leur nom de famille. A l'hôpital, bien entendu, on ignorait les fonctions qu'il remplissait. C'était un fonctionnaire du service de l'information ou autre foutaise semblable.

Il ressemblait en effet à un singe. Ellis se surprit en train d'observer la région du crâne, derrière l'oreille, là où il devait implanter les électrodes.

« Nous ne savons pas grand-chose sur les causes de la violence, dit McPerson. Il circule un tas de mauvaises théories écrites par des sociologues et payées par l'argent des bons contribuables. Mais ce que nous savons c'est que cette maladie particulière, l'épilepsie temporale, décrite plus souvent aujourd'hui comme un syndrome lésionnel aigu de levée d'inhibitions, incite à la violence celui qui en est atteint.

— Le syndrome lésionnel de levée d'inhibitions, répéta Ralph.

— Oui. Cette affection est provoquée par une blessure ou une lésion du cerveau. Au service neuropsychiatrique nous estimons qu'elle est extrêmement courante chez ceux qui se livrent à des actes de violence répétés, comme certains policiers, des gangsters, des émeutiers, etc. Personne ne considère ces gens-là comme des malades, au sens physiologique du mot. On admet l'idée qu'il existe de par le monde beaucoup d'êtres qui ont mauvais caractère, on trouve ça normal, et cela ne l'est peut-être pas.

— Je comprends », dit Ralph. Et il avait l'air en effet de commencer à comprendre.

Ellis se disait que McPherson était fait pour être professeur. Il avait le don de l'enseignement. Certainement rien d'un chercheur.

« Ainsi, dit McPherson, en passant la main dans ses cheveux blancs, nous ne nous faisons pas une idée exacte du nombre de personnes atteintes. Mais nous supposons que ceux qui souffrent de ce mal représentent un ou deux pour cent de la population. C'est-à-dire deux à quatre millions d'Américains.

— Bon Dieu ! » fit Ralph.

Ellis buvait son café à petites gorgées. « Oui. Bon Dieu ! pensa-t-il. Sacré Bon Dieu ! »

« Pour une raison que nous ne connaissons pas, les épileptiques du lobe temporal sont prédisposés à la violence et à l'agressivité pendant les crises. Les autres phénomènes qui accompagnent ce syndrome sont l'hyper-sexualité et une intoxication pathologique. »

Visiblement, Ralph commençait à s'intéresser à la conversation.

« Nous avons eu le cas d'une femme atteinte de cette maladie, dit McPherson. Eh bien, au cours d'une crise elle eut des rapports sexuels avec douze hommes en une seule nuit, après quoi elle était encore insatisfaite. »

Ralph avala son cognac. Ellis remarqua qu'il portait une large cravate dernier cri, à ramages psychédéliques. Un pauvre type de quarante ans qui boit son cognac d'une lampée en pensant à cette femelle lubrique !

« L'intoxication pathologique se rapporte au phénomène de l'ivresse causée par une minuscule quantité d'alcool. Une gorgée ou deux suffisent pour déclencher une crise d'extrême violence. »

Ellis pensait à son opéré du troisième degré, à Benson, ce doux et gras petit bonhomme, spécialiste de l'ordinateur, qui s'enivrait et flanquait des rossées à tous ceux qui se trouvaient sur son chemin, et l'idée qu'on pouvait le guérir en lui plantant des fils électriques dans le cerveau lui parut soudain absurde.

C'est ce que Ralph pensait lui aussi probablement.

« Alors cette intervention chirurgicale fera disparaître la violence ?

— Oui, dit McPherson. Nous le croyons. Mais c'est la première opération de ce genre qu'on pratique sur un être humain. Elle aura lieu demain matin à l'hôpital.

— Je vois, dit Ralph, et il comprit pourquoi on lui avait offert ce dîner.

— C'est très important au point de vue de la presse.

— Oh ! c'est certain, je m'en rends compte. »

Il y eut un instant de silence.

« Qui va faire cette opération ? demanda Ralph.

— C'est moi, fit Ellis.

— Bien. Il faut que je fouille nos archives. Je veux être sûr d'avoir une récente photographie de vous et une bonne biographie pour les articles », dit Ralph d'un air excédé en songeant au travail qu'il avait devant lui.

Ellis était stupéfait de la réaction de cet homme qui ne pensait qu'à se procurer une photographie récente. Mais McPherson évita tout heurt. « Nous vous fournirons tout ce dont vous aurez besoin », dit-il, et la réunion prit fin.

5

Installé à la cafétéria de l'hôpital, Robert Morris mordait dans une tarte aux pommes rassie lorsque son bip sonna. Il émettait un son électronique perçant qui dura jusqu'au moment où sa main se porta à sa ceinture pour le fermer. Puis il retourna à sa tarte. Un instant après, nouvel appel strident. Il poussa un juron, posa sa fourchette et se dirigea vers le téléphone mural pour répondre à l'appel.

Au début, cette petite boîte grise agrafée à sa ceinture lui paraissait une chose merveilleuse. Lorsqu'il déjeunait ou dînait avec une fille, et que son bip se mettait à sonner, il était ravi parce que cela lui donnait de l'importance. Il faisait figure de personnage très occupé, assumant des fonctions capitales et de lourdes responsabilités. Le bip se déclenchait, il s'excusait rapidement, répondait à l'appel et donnait l'impression de sacrifier son plaisir au devoir. Les filles en raffolaient.

Mais bien des années avaient passé et la petite boîte ne l'enchantait plus, elle était même devenue inhumaine, implacable et symbolisait pour lui le fait qu'il ne s'appartenait pas.

Perpétuellement asservi à quelque autorité supérieure et capricieuse — une infirmière demandait confirmation d'une prescription médicale à deux heures du matin, une cousine faisait des histoires au sujet du traitement postopératoire de sa maman, ou bien on lui signalait une conférence sans se rendre compte qu'il y assistait déjà.

A présent, les meilleurs moments de sa vie étaient ceux où il rentrait chez lui et où il pouvait se débarrasser de la petite boîte pendant quelques heures, il était alors insaisissable et libre, et l'appréciait énormément.

Il fit le numéro du standard, tout en jetant un regard sur la cafétéria.

« Docteur Morris.

— Docteur Morris, deux-quatre-sept-un.

— Merci. » C'était le numéro du septième étage. Ça faisait déjà un bon bout de temps qu'il avait appris et mémorisé tous les postes principaux du réseau de l'hôpital universitaire. Il sonna le septième étage.

« Docteur Morris.

— Ah ! oui, dit une voix de femme. Nous avons ici une personne qui apporte un paquet pour le malade Harold Benson. Ce sont des effets personnels, dit-elle. Pouvons-nous les lui remettre ?

— Je viens, dit-il.

— Merci, docteur. »

Il retourna à son plateau, le prit et le remit au comptoir. Le bip se déclencha à nouveau.

« Docteur Morris.

— Docteur Morris, un-trois-cinq-sept. »

C'était le service des métabolismes :

« Docteur Morris.

— Ici le docteur Hanley — cette voix ne lui était pas familière. Pouvez-vous vous occuper d'une dame qui paraît avoir une psychose avec anémie hémolytique due à une splénectomie ?

— Je ne peux pas la voir aujourd'hui, dit Morris, et la journée de demain est chargée. » Chargée, ce n'est pas assez dire, pensa-t-il. « Vous êtes-vous adressé à Peters ?

— Non...

— Peters a une grande expérience des états mentaux stéroïdiens. Appelez-le donc.

— Très bien, merci. »

Morris raccrocha. Il prit l'ascenseur jusqu'au septième étage. La petite boîte accrochée à sa ceinture se déclencha une troisième fois. Il regarda sa montre, il était six heures trente — en principe sa journée était finie. Néanmoins il répondit à l'appel. C'était Kelso, le pédiatre.

« As-tu envie de recevoir une pile ?

— O.K., à quelle heure ?

— Dans une demi-heure environ.

— As-tu tes balles ?

— Elles sont dans ma voiture.

— Je te verrai sur le court, dit Morris. Je serai peut-être légèrement en retard.

— Viens à l'heure, avant la nuit. »

Morris dit qu'il se dépêcherait et il raccrocha.

Le septième étage était plongé dans un silence et un calme que le personnel s'appliquait à maintenir.

« La voici », dit une infirmière, en indiquant du geste une personne assise sur un canapé. Morris se dirigea vers elle. La fille était jeune et très jolie, d'une élégance voyante et tapageuse. Elle avait de très longues jambes.

« Je suis le docteur Morris.

— Angela Black. » Elle se leva et lui tendit la main. Elle tenait un petit sac bleu.

« Il m'a demandé de le lui apporter.

— Très bien. » Il prit le sac. « Je veillerai à ce qu'il lui soit remis. »

Elle hésita :

« Puis-je le voir ? dit-elle.

— Je crois que ce n'est pas une bonne idée. » A cette heure, Benson devait avoir la tête rasée et les malades qui ont subi de ces cruautés préopératoires n'aiment guère recevoir de visites.

« Seulement quelques minutes ?

— Il somnole sous l'effet des barbituriques. »

Elle était ostensiblement déçue.

« Alors, voulez-vous lui transmettre un message ?

— Bien sûr.

— Dites-lui que je suis revenue dans mon ancien appartement. Il comprendra.

— Parfait.

— Vous n'oublierez pas ?

— Non, certainement.

— Merci. » Elle sourit d'un sourire agréable, malgré de longs cils postiches et un maquillage outrancier. Pourquoi donc les jeunes filles se fardent-elles ainsi ?

« Il est temps que je me retire. » Et elle disparut d'un pas vif et décidé. Il la regarda partir, avec sa mini-jupe et ses longues jambes. Puis il souleva le sac qui lui parut lourd.

« Comment cela va-t-il ? demanda le flic installé à la porte du 710.

— Bien », dit Morris, qui entra dans la chambre avec le sac bleu sur lequel le policier lança un coup d'œil, sans rien dire.

Harry Benson regardait un western à la télévision. Morris baissa le son.

« Une très jolie fille vous a apporté ceci.

— Angela ? dit Benson en souriant. Oui, elle a un extérieur agréable. Un mécanisme intérieur pas très compliqué, mais un extérieur sympathique. » Morris lui donna le sac.

« A-t-elle tout apporté ? »

Benson ouvrit le sac et posa le contenu sur le lit. Un pyjama, un rasoir électrique, une lotion after-shave, un roman populaire.

Puis il en sortit une perruque noire.

« Qu'est-ce que c'est que ça ? dit Morris.

— Je savais que tôt ou tard j'en aurais besoin, dit Benson en riant. Vous me laisserez *bien* sortir d'ici, un jour ou l'autre ? »

Morris plaisanta avec lui. Benson remit la perruque dans le sac d'où il retira une enveloppe de plastique. Il la déplia d'un bruit sec et Morris vit une série de tournevis de différentes dimensions, chacun d'eux soigneusement rangé dans une poche.

« Qu'allez-vous faire avec cela ? » demanda Morris.

Benson eut l'air embarrassé, puis :

« Je ne sais si vous comprendrez... dit-il. Je les garde toujours auprès de moi, pour ma protection. »

Benson remit les outils dans le sac. Il les maniait avec soin, presque avec vénération. Morris savait que les patients apportent souvent des objets bizarres à l'hôpital, surtout quand ils sont sérieusement malades. Ils y attachent une sorte de caractère totémique, un pouvoir magique qui peut les protéger. Ces objets sont généralement liés à un passe-temps favori. Un jour, un yachtman qui avait une tumeur du cerveau accompagnée de métastases, avait apporté des outils pour réparer des voiles, et une femme qui avait une maladie de cœur avait apporté des balles de tennis.

« Je comprends », dit Morris.

Benson sourit.

6

Le « Telecomp[1] » était vide quand elle y entra. Les consoles et les télétypes étaient silencieux, des séries de chiffres clignotaient sur les écrans. Elle alla dans un coin et se versa une tasse de café puis introduisit le dernier psychotest de Benson dans l'ordinateur.

Le service neuropsychiatrique avait développé le psychotest avec d'autres tests psychologiques analysés par l'ordinateur. Cela faisait partie de ce que McPherson appelait « la pensée à deux tranchants ». Il voulait dire que le cerveau, comparé à un ordinateur, travaillait de deux manières, en deux directions différentes. D'une part on pouvait utiliser l'ordinateur pour explorer le cerveau, pour analyser ses mouvements. D'autre part et en même temps, on mettait à profit cette meilleure connaissance du cerveau pour faire de meilleurs ordinateurs. Comme le disait McPherson, « le cerveau est un modèle pour l'ordinateur comme l'ordinateur est un modèle pour le cerveau ».

Au service neuropsychiatrique les électroniciens et les neurobiologistes travaillaient ensemble depuis

1. Laboratoire électronique (*N.d.T.*).

de nombreuses années. Par leurs efforts associés ils avaient mis au point une certaine formule Q et des programmes comme George et Martha, ainsi que le psychotest et de nouvelles techniques psycho-chirurgicales.

Le psychotest était relativement simple. Ce test enregistrait des réponses directes à des questions psychologiques, et manipulait ces réponses d'après des formules mathématiques compliquées. A mesure que les données étaient introduites dans l'ordinateur, Ross regardait s'allumer des rangées de calculs sur l'écran.

Pour elle c'était lettre morte, elle savait que ces nombres n'avaient de signification que lorsque l'ordinateur avait élaboré la réponse finale. Elle sourit en pensant aux explications qu'en donnerait Gerhard — rotation de matrices dans l'espace, facteurs dérivés, etc. Tout cela était scientifique et compliqué et elle n'y comprenait rien.

Elle savait depuis longtemps qu'on pouvait utiliser un ordinateur sans rien connaître de son fonctionnement. De même qu'on peut utiliser une automobile, un aspirateur... ou son propre cerveau.

Sur l'écran apparut une projection lumineuse : *Calculs terminés. Voir séquence d'exposition.*

Elle perfora la bande de façon à obtenir trois images successives sur la séquence de présentation. L'ordinateur informa que ces trois clichés révélaient un écart de quatre-vingt-un pour cent. Elle vit sur l'écran l'image à trois dimensions d'une montagne au sommet abrupt. Après l'avoir regardée avec attention, elle prit le téléphone pour appeler McPherson.

Devant l'écran, McPherson eut un air soucieux. Ellis était derrière lui.

« Est-ce clair ? dit Ross.

— Parfaitement, dit McPherson, quand est-ce que cela a été pris ?

— Aujourd'hui », dit-elle.

McPherson poussa un soupir.

« Vous n'allez pas abandonner la partie sans livrer combat ? »

Au lieu de lui répondre, elle poussa un bouton et obtint une seconde montagne moins élevée. « Voici le dernier de ceux qui ont été faits antérieurement.

— Ici la courbe indique...

— Troubles psychotiques caractérisés, dit-elle.

— Qui sont donc beaucoup plus prononcés aujourd'hui qu'il y a un mois, dit McPherson.

— Oui », dit-elle.

Elle reprit successivement les quatre tests précédents. La tendance était très nette ; sur chacun d'eux la courbe ascendante montait de plus en plus haut.

« Il est évident que son cas s'aggrave. Je suppose que vous estimez toujours qu'il ne faut pas l'opérer.

— J'en suis plus convaincue que jamais, dit-elle. La psychose n'est que trop évidente et si vous plantez des fils électriques dans sa tête...

— Je sais, dit McPherson, ce que vous voulez dire...

— ... il va avoir l'impression qu'on l'a transformé en machine », dit-elle.

Se tournant vers Ellis, McPherson lui dit :

« Pensez-vous pouvoir stopper cette escalade avec la thorazine ? »

La thorazine est un tranquillisant très actif qui réussit à certains sujets atteints de psychose.

« Il faut essayer, cela en vaut la peine.

— C'est mon avis. Qu'en pensez-vous, Janet ? »

Elle ne répondit pas, absorbée qu'elle était par l'écran. La façon dont ces tests fonctionnaient la laissait perplexe. Ces courbes ascendantes, ces sommets étaient des abstractions, une représentation mathématique d'un état émotionnel, non la véritable caractéristique d'un individu comme les doigts, la taille ou le poids.

« Qu'en pensez-vous, Janet ? répéta McPherson.

— Je pense que vous vous êtes tous les deux engagés à réaliser cette opération.

— Que vous désapprouvez ?

— Je ne désapprouve pas, je la crois imprudente pour Benson.

— Et l'emploi de la thorazine ?

— C'est affaire de hasard, un coup de chance.

— Qu'il est inutile de tenter ?

— Utile, peut-être, qui sait ? Mais c'est une loterie. »

Puis s'adressant à Ellis, McPherson lui dit :

« Vous êtes toujours décidé à l'opérer ?

— Oui, dit-il, sans quitter l'écran des yeux. Oui, je veux l'opérer. »

7

Morris avait toujours une étrange impression lorsqu'il jouait au tennis sur le court de l'hôpital. Les hauts bâtiments qui se projetaient devant lui, ces rangées de fenêtres, tous ces malades qui ne pouvaient faire ce qu'il faisait, lui donnaient un vague sentiment de culpabilité. L'autoroute passait près de l'hôpital et le choc rassurant des balles de tennis se perdait complètement dans le ronflement persistant et monotone des voitures.

Le jour commençait à baisser et il n'y voyait pas très bien. La balle arrivait près de lui sans qu'il la voie venir. Kelso était moins gêné que lui. Souvent Morris plaisantait en disant à Kelso qu'il mangeait trop de carottes. Quoi qu'il en fût, il trouvait humiliant de jouer avec Kelso, tard le soir. L'obscurité avantageait son adversaire et Morris avait horreur de perdre.

Il aimait la compétition, c'était un fait dont il était conscient et dont il s'accommodait fort bien depuis longtemps. Au jeu, dans sa profession ou après des femmes, il voulait toujours l'emporter, Ross le lui avait fait remarquer plus d'une fois et sournoisement elle avait abandonné ce sujet comme tous les psychiatres qui soulèvent une question puis cessent d'en parler. Oui, c'était un fait qui faisait partie de sa vie et découlait sans doute d'une profonde insécurité, d'un besoin de s'affirmer à lui-même et d'un sentiment d'infériorité. Mais peu lui importait. Il prenait plaisir à la compétition et éprouvait de la satisfaction à remporter une victoire. Il s'était arrangé jusqu'ici pour gagner plus souvent qu'il n'avait perdu.

Il était entré au service neuropsychiatrique en partie parce que c'était un poste assez exceptionnel, très disputé et dont on pouvait espérer tirer d'énormes avantages. Dans son for intérieur Morris espérait être professeur de chirurgie avant d'atteindre la quarantaine. Sa carrière avait été très brillante dans le passé, c'est pourquoi Ellis avait accepté de le prendre avec lui — et il était pleinement confiant en l'avenir. Être associé à cette opération qui représentait une étape importante dans l'histoire de la chirurgie ne pouvait que lui être favorable.

Il était de bonne humeur, en somme. Il joua avec entrain jusqu'au moment où il en eut assez ; il faisait nuit. Il fit signe à Kelso — avec le bruit de la route, il n'était pas question de l'appeler — que la partie était terminée. Ils se serrèrent la main devant le filet. Il ne déplut pas à Morris de voir que Kelso transpirait à grosses gouttes.

« Demain à la même heure, dit Kelso.

— Je n'en suis pas sûr, dit Morris.

— Ah ! c'est vrai, demain est un grand jour pour vous tous.

— Un grand jour, en effet », fit Morris.

Bon Dieu ! la nouvelle était donc connue même des internes en pédiatrie ? Et il songea à ce qu'Ellis pouvait ressentir... soumis comme il l'était à cette pression intense, abstraite et vague qui tenait du fait que tout l'hôpital universitaire avait les yeux fixés sur lui.

« Eh bien, bonne chance. »

Tandis que les deux hommes reprenaient le chemin de l'hôpital, Morris aperçut Ellis. Silhouette hautaine et solitaire, boitant légèrement, il traversa le parking et monta dans sa voiture pour rentrer chez lui.

MERCREDI 10 MARS 1971

Implantation

1

Six heures du matin. Janet Ross, vêtue de vert, était au troisième étage chirurgical ; elle prenait un café et un croissant. A cette heure-là, la salle réservée aux chirurgiens était animée. Les opérations devaient commencer à six heures mais il y avait généralement quinze ou vingt minutes de retard. Les chirurgiens lisaient les journaux, discutaient du marché des changes ou de leurs parties de golf. De temps à autre, l'un d'eux allait faire un tour dans les galeries du haut pour surveiller comment marchaient les préparatifs dans sa salle d'opération.

Janet Ross était la seule femme de toute l'assemblée et sa présence modifiait subtilement l'atmosphère masculine. Elle regrettait d'être la seule et de constater que les hommes, devant elle, devenaient plus calmes, plus polis, moins gais et moins bruyants. Elle se moquait pas mal d'entendre des voix rauques et il lui déplaisait d'être traitée en intruse. Il lui semblait qu'elle avait été traitée en intruse toute sa vie, depuis son plus jeune âge. Son père, qui était chirurgien, n'avait jamais caché sa déception d'avoir une fille et non un fils qui eût mieux cadré avec l'organisation de son existence. Il l'aurait emmené à l'hôpital le samedi matin et lui aurait montré les salles d'opérations — avec un *fils* ce sont des choses qu'on peut faire. Une fille, c'est différent, c'est un être devant lequel on est perplexe, embarrassé, et qui n'est pas fait pour la vie chirurgicale. Dans ce domaine elle est importune...

Elle jeta un coup d'œil à tous les chirurgiens présents, et pour cacher sa gêne alla au téléphone et fit le numéro du septième étage.

« Ici, le docteur Ross. M. Benson a-t-il été appelé ?

— On vient juste d'aller le chercher.

— Quand a-t-il quitté l'étage ?

— Il y a cinq minutes environ. »

Elle raccrocha et retourna à sa tasse de café. Elle aperçut Ellis qui lui fit signe :

« Il y aura cinq minutes de retard dû à l'installation de l'ordinateur, dit-il. Ils sont en train d'installer les lignes. Le patient a-t-il été appelé ?

— Oui, il y a cinq minutes.

— Avez-vous vu Morris ?

— Pas encore.

— Il ferait bien d'arriver ici », fit Ellis.

Sans qu'elle pût s'en expliquer la raison, cette conversation la réconforta.

Morris était dans l'ascenseur avec Benson, étendu sur une civière, une infirmière et un policier. Morris dit au flic :

« Vous ne pouvez pas sortir avec nous.

— Pourquoi ?

— Parce que nous allons à un étage qui est complètement stérilisé.

— Que dois-je faire ?

— Vous pouvez attendre dans la galerie du troisième étage. Je préviendrai l'infirmière. »

Le flic fit signe qu'il comprenait. L'ascenseur s'arrêta au deuxième étage. La porte s'ouvrit sur un vestibule où tout le monde était vêtu de vert et allait et venait. Un grand écriteau indiquait en lettres rouges : *Locaux stériles. Interdiction d'entrer sans autorisation*.

Morris et l'infirmière poussèrent le fauteuil de Benson. Le flic, l'air ahuri, appuya sur le bouton du troisième étage et la porte de l'ascenseur se ferma.

Morris conduisit Benson à travers le corridor et celui-ci lui dit :

« Je suis toujours éveillé.

— Bien sûr.

— Mais je veux qu'on m'endorme. »

Morris lui parla patiemment.

« Les médicaments que vous avez pris il y a une demi-heure vont faire leur effet. Votre bouche, comment est-elle ?

— Sèche. »

L'atropine commençait d'agir.

« Tout ira bien », dit-il.

Morris avait fait des centaines d'opérations, mais n'en avait jamais subi lui-même. Depuis quelque temps, il commençait à se demander l'impression qu'on avait de l'autre côté de la barrière. Sans vouloir l'admettre, il soupçonnait que cela devait être affreusement pénible.

« Tout ira bien », répéta-t-il à Benson en lui touchant l'épaule pour l'encourager.

Pendant qu'il le transportait jusqu'à la salle d'opération 9, Benson ne le quitta pas du regard.

La salle d'opération n° 9 était la plus grande de tout l'hôpital. Environ trente mètres carrés de superficie et remplie d'appareils électroniques. Quand l'équipe chirurgicale était là au complet, les douze personnes n'avaient pas trop de place. Mais actuellement seules deux infirmières s'affairaient dans cet espace sépulcral carrelé de gris. Elles préparaient des tables et des linges stériles autour du fauteuil. Dans la salle 9 il n'y avait pas de table d'opération — seulement un fauteuil capitonné semblable à ceux des dentistes.

Janet Ross était dans la salle de préparation adjacente à la salle d'opération. A son côté, Ellis, qui finissait de se brosser les mains, marmonnait des injures à l'égard de Morris qui était en retard. Avant les opérations, Ellis devenait très nerveux, et il s'imaginait que personne ne le remarquait. Ross, qui lui avait parfois servi d'assistante lorsqu'il opérait des animaux, savait comment se déroulait le rituel — tension et jurons avant l'opération, et calme total au cours de l'intervention.

Ellis tourna les robinets avec ses coudes et entra dans la salle d'opération à reculons pour que ses bras ne touchent pas la porte. On lui tendit une serviette et, pendant qu'il s'essuyait les mains, il regarda Ross, puis leva les yeux sur la galerie de verre surélevée de laquelle on pouvait assister à l'opération et où il y aurait foule dans un instant.

Morris arriva.

« Ellis se demandait où vous étiez, dit Ross.

— Je descendais le patient », dit-il.

L'une des infirmières entra dans la pièce de stérilisation et dit :

« Docteur Ross, quelqu'un du laboratoire de radiologie apporte un appareil pour le docteur Ellis. Le veut-il maintenant ?

— Est-il chargé ?

— Je vais me renseigner », dit l'infirmière. Elle disparut puis revint aussitôt. « Il dit qu'il est chargé et prêt à fonctionner, mais que si votre appareillage n'est pas blindé vous pourrez avoir des ennuis. »

Ross savait que tout l'appareillage de la salle d'opération avait été protégé la semaine précédente. L'échangeur de plutonium ne dégageait pas beaucoup de radiations, pas suffisamment pour obscurcir un écran de radiographie, mais il pouvait troubler certains instruments plus délicats. Bien entendu il n'y avait aucun danger pour les individus.

« Nous sommes blindés, dit Ross. Faites-le apporter dans la salle d'opération. »

Ross se tourna vers Morris.

« Comment va Benson ?

— Très nerveux.

— Il a le droit de l'être », dit-elle.

Au-dessus du masque de gaze, le regard de Morris semblait l'interroger. Elle secoua ses mains pour enlever l'excès d'eau et entra, à reculons, dans la salle d'opération. La première chose qu'elle vit fut le garçon du laboratoire de radiologie qui poussait un chariot contenant une petite boîte de plomb dans laquelle se trouvait l'appareil chargé. Sur les côtés étaient inscrits ces mots : *Danger, Radiation*, avec le symbole orange de la radioactivité. Quelque peu ridicule, toute cette emphase ; cet élément d'induction ne présentant aucun danger.

Ellis, au milieu de la salle, enfila sa blouse, et plongea ses doigts dans les gants de caoutchouc. Il demanda au garçon du laboratoire radiologique si l'appareil avait été stérilisé.

« Je ne sais pas, monsieur.

— Alors, portez-le à une des jeunes filles pour qu'elle le passe à l'autoclave. »

Le docteur Ross s'essuya les mains ; elle frissonnait. Comme presque tous les chirurgiens, Ellis préférait une pièce froide, trop froide réellement pour le patient. Mais Ellis disait souvent : « Si je suis à mon aise, le malade l'est aussi. »

Ellis se tenait maintenant à côté du viseur pendant que l'infirmière installait les radios du malade. Il les examina minutieusement bien qu'il les eût vues des douzaines de fois. C'étaient les images d'un cerveau normal. On avait injecté de l'air dans les ventricules afin que les protubérances ressortent en noir.

Les autres membres de l'équipe entrèrent un à un. Il y avait quatre infirmières, un infirmier, deux électroniciens et un programmeur d'ordinateur. L'anesthésiste était encore à l'extérieur de la salle avec Benson.

Sans quitter des yeux son appareil, un électronicien dit :

« Docteur, nous commencerons quand vous voudrez.

— Nous attendons le malade », dit Ellis sèchement, et ceux du groupe 9 rirent sous cape.

Ross examina les sept écrans qui étaient de dimensions différentes et disposés en divers endroits, selon l'importance qu'ils avaient pour le chirurgien. L'écran le plus petit projetait en permanence le déroulement de l'opération. Pour le moment il montrait le fauteuil vide.

Un autre écran, plus proche du chirurgien, projetait l'électro-encéphalogramme. Il était fermé, les seize pointes y traçaient des lignes blanches. Il y avait aussi un grand écran de télévision pour les paramètres essentiels : électrocardiogramme, pression artérielle périphérique, respiration, mouvements du cœur, pression veineuse centrale, température rectale. De même que l'écran de l'électro-encéphalogramme, il traçait une série de lignes droites.

Deux autres écrans étaient complètement vides. Ils devaient exposer, pendant l'opération, des images radioscopiques en noir et blanc.

Finalement deux écrans en couleurs présentaient le programme limbique. C'est-à-dire l'ensemble des instructions qui avaient été enregistrées par l'ordinateur. Une image du cerveau en trois dimensions tournait déjà tandis que s'éclairaient, au-dessous, des coordonnées. Comme toujours, Ross avait l'impression que l'ordinateur était une présence presque humaine et son impression s'intensifiait à mesure que l'opération se déroulait.

Ellis cessa de considérer les radios et regarda l'heure : six heures dix-neuf. Benson était toujours à l'extérieur entre les mains de l'anesthésiste. Ellis fit le tour de la salle, disant à tous quelques mots. Il se montrait particulièrement aimable, ce qui surprit Ross. Au-dessus, dans la galerie, elle vit le directeur de l'hôpital, le patron du service de chirurgie, le médecin-chef et le patron du service de la recherche. Alors elle comprit.

Il était six heures vingt et une lorsqu'on amena Benson. On lui avait fait absorber de fortes doses de médicaments et il paraissait calme. Le corps inerte, les paupières lourdes. La tête enveloppée d'une serviette verte.

Ellis surveilla la façon dont le malade fut transporté de la civière au fauteuil. Quand on lui attacha les bras et les jambes, celui-ci parut se réveiller et ouvrit tout grands les yeux.

« C'est juste pour que vous ne tombiez pas, dit Ellis, tout naturellement, nous ne voulons pas que vous vous fassiez mal.

— Oui, oui », fit doucement Benson et il referma les yeux.

Ellis fit signe aux infirmières de retirer la serviette que Benson avait autour de la tête. Complètement dénudée, la tête paraissait très petite et très blanche. La peau était lisse, sauf sur la partie frontale gauche balafrée par une coupure de rasoir. Du côté droit les « X » à l'encre bleue d'Ellis étaient nettement visibles.

Benson, étendu dans le fauteuil, n'ouvrait plus les yeux. L'un des techniciens posa les câbles radioactifs sur son corps en les recouvrant de pâte électrolyte et Benson fut bientôt relié à un enchevêtrement de fils multicolores.

Ellis regarda les écrans de contrôle de la télévision qui présentaient l'électro-encéphalogramme avec seize lignes dentelées — les battements du cœur, la respiration qui était bonne et la température régulière. Les techniciens se mirent à perforer les paramètres préopératoires dans l'ordinateur. Les renseignements normaux du laboratoire avaient été disposés dans l'appareil. Pendant cette opération l'ordinateur contrôlerait tous les signes vitaux à cinq secondes d'intervalle et signalerait toute irrégularité.

« La musique, s'il vous plaît », dit Ellis et l'une des infirmières glissa une cassette dans un magnétophone. Un concerto de Bach jouait doucement. Lorsqu'il opérait, Ellis s'accompagnait toujours de Bach parce qu'il espérait, disait-il, que la précision, sinon le génie, était contagieuse.

On approchait du véritable début de l'opération. L'horloge marquait 6 h 29'14".

Avec l'aide d'une infirmière, Ross mit sa blouse et ses gants ; elle avait toujours beaucoup de peine à enfiler ceux-ci et elle n'était pas mécontente qu'Ellis et les autres chirurgiens, absorbés par leur malade, ne remarquent pas sa maladresse.

Elle se dirigea vers le fond de la salle, veillant à ne pas piétiner les gros câbles noirs qui traînaient sur le sol dans toutes les directions. Ross ne participait pas aux premiers stades de l'opération. Elle attendait que le mécanisme soit mis en place et que toutes les coordonnées soient déterminées. Elle avait le temps de rester dans un coin et de tirer sur ses gants.

Aucune nécessité ne l'obligeait à assister à cette opération mais McPherson tenait à ce qu'un membre de l'équipe non chirurgicale soit présent à chaque intervention pour maintenir, prétendait-il, la cohésion entre tous les services.

Elle regarda Ellis et ses assistants qui mettaient des vêtements à Benson, elle les vit sur l'écran de contrôle. Tous ces mouvements seraient enregistrés sur bande pour être présentés par la suite.

« Maintenant nous pouvons commencer, dit Ellis, très décontracté. Allez-y avec l'aiguille. »

Debout, derrière le fauteuil, l'anesthésiste plaça l'aiguille entre le deuxième et le troisième espace lombaire de l'épine dorsale. Benson fit un mouvement et poussa une légère plainte ; l'anesthésiste dit alors : « Je suis dans la membrane dure. Combien en voulez-vous ? »

L'ordinateur signala : *Début de l'opération* et déclencha en même temps un mécanisme d'horloge indiquant les secondes.

« Trente centimètres cubes pour commencer, dit Ellis. La radio, s'il vous plaît. »

Les appareils radiographiques furent installés devant et sur le côté de la tête du malade. Ellis appuya du pied sur le bouton du plancher et les écrans de la télévision s'allumèrent brusquement pour montrer en blanc et noir des images du crâne. Il regardait donc ces deux représentations tandis que l'air emplissait lentement les ventricules et faisait ressortir les aspérités en noir.

Le programmeur, assis devant l'ordinateur, promenait ses doigts sur les boutons comme sur un clavier. A la télévision, sur l'écran de présentation, apparurent ces mots : *Établissement du pneumographe.*

« Bien, mettons-lui son "chapeau", dit Ellis. Le cadre tubulaire qui ressemblait à une boîte fut placé sur la tête du patient et lorsque l'emplacement des trous eut été déterminé et vérifié, Ellis injecta un anesthésique dans chacun d'eux. Puis il fendit et repoussa la peau, et ont vit apparaître la surface blanche du crâne.

« La perforeuse, je vous prie. »

Avec un foret de 2 mm il fit le premier des deux trous du côté droit du crâne. Il plaça sur la tête le « chapeau » qu'il vissa solidement.

Ross regardait attentivement l'exposé de l'ordinateur. Les chiffres du rythme cardiaque et de la pression sanguine clignotaient sur l'écran. Tout était normal. De même que les chirurgiens, l'ordinateur allait bientôt avoir affaire à des questions plus compliquées.

« Vérifions notre position », dit Ellis, et s'écartant du malade, il considéra d'un œil critique la tête chauve de Benson et le cadre de métal qui la surmontait. Le radiographe s'avança et prit des clichés.

Ross se rappelait qu'autrefois, pour faire des radiographies, on utilisait un compas, un rapporteur et une règle avec lesquels on traçait des lignes sur les images produites par rayons X. C'était un procédé lent. A présent, les données étaient introduites directement dans l'ordinateur qui faisait une analyse plus exacte et plus rapide.

Toute l'équipe contemplait l'écran. Les images radio passèrent vite et furent remplacées par des dessins schématiques. L'émission de l'ensemble de l'opération avait été calculée et cette première phase y était englobée. Une série de coordonnées passèrent comme des éclairs, suivies par cette notation : *Position exacte.*

Ellis fit un petit signe de tête accompagné d'un : « merci pour la consultation », et se dirigea vers le plateau qui contenait les électrodes.

Il utilisait maintenant des électrodes Briggs en acier inoxydable, enrobées de téflon. Il les avait toutes essayées : or, alliage de platine et même torons d'acier flexibles, à l'époque où on posait les électrodes en procédant à un examen.

Ces examens étaient malpropres et sanglants. On était obligé de soulever une grande partie du crâne et d'exposer la surface du cerveau. Le chirurgien repérait les points sur la surface elle-même puis il plaçait ses électrodes dans la substance cérébrale. Lorsqu'il lui fallait tailler en profondeur, il lui arrivait d'aller avec son bistouri jusqu'aux ventricules pour poser ses électrodes. Les complications étaient sérieuses, les opérations très longues et les malades s'en sortaient assez mal.

L'ordinateur avait changé tout cela en permettant de fixer un point précis dans un espace à trois dimensions. Au début, le groupe neuropsychiatrique avait essayé, avec d'autres chercheurs, de repérer les points profonds du cerveau d'après l'architecture du crâne. Ils mesuraient ces points d'après l'orbite de l'œil, le méat de l'oreille, la suture sagittale. Mais les résultats n'étaient jamais bons. La seule manière de déterminer les points profonds du cerveau était de se rapporter aux autres points du cerveau, et les points de repère logiques étaient les ventricules, les espaces remplis de fluide. Avec le nouveau système, tout était déterminé par rapport aux ventricules.

Avec l'ordinateur il n'était plus nécessaire

d'exposer la surface du cerveau. Il suffisait de percer quelques petits trous dans le crâne et d'insérer les électrodes pendant que l'ordinateur, grâce aux rayons X, surveillait pour s'assurer qu'elles étaient bien placées.

Ellis prit la première série d'électrodes ; de l'endroit où se trouvait Ross, cela avait l'air d'un simple fil de fer. En réalité c'était un faisceau d'une vingtaine de fils, avec des points de contact alternés. Chaque fil était recouvert de téflon, sauf le dernier millimètre, qui était à nu. Et ils étaient tous de différentes longueurs, de sorte que, vus à la loupe, les bouts des électrodes ressemblaient à un escalier en miniature.

Ellis vérifia la série d'électrodes avec une loupe et réclama davantage de lumière pour examiner tous les points de contact. Puis une infirmière les brancha sur un circuit pour vérifier tous les contacts. Ce contrôle avait été effectué des dizaines de fois, mais Ellis tenait à le refaire avant l'insertion. Et il avait toujours à sa disposition quatre séries d'électrodes stérilisées, bien qu'il n'en utilisât que deux. Ellis était prévoyant.

Cette précaution satisfaite, il demanda à ses assistants :

« Sommes-nous prêts pour poser les fils ? » Ils firent un signe affirmatif. Il s'approcha du malade et dit :

« Attaquons la membrane dure. »

Jusqu'ici ils avaient perforé le crâne mais sans toucher à la membrane — la *dura mater* — qui recouvre le cerveau et renferme le liquide céphalo-rachidien. L'assistant prit une sonde pour ponctionner la membrane.

« J'ai du liquide », dit-il, et l'on vit filtrer un liquide clair le long du crâne dénudé. Une infirmière vint aussitôt l'essuyer.

Ross s'émerveillait toujours de la façon dont le crâne était protégé. Les autres organes du corps sont protégés, bien sûr, les poumons et le cœur dans la cage thoracique, le foie et la rate, à l'extrémité des côtes, les reins capitonnés dans la graisse contre les muscles épais du dos. Mais, en fait de protection, rien n'est comparable au système nerveux central qui est entièrement enfermé dans une épaisse carapace osseuse. En outre, à l'intérieur des os, il y a des membranes en forme de sac qui contiennent le liquide céphalo-rachidien. Le cerveau se trouve dans un milieu liquide, sous pression, qui lui fournit une magnifique protection.

« A présent, nous allons procéder à la pose des électrodes », dit Ellis.

Ross s'avança pour aller rejoindre l'équipe chirurgicale qui était rassemblée autour de la tête du malade. Elle regarda Ellis qui glissa la pointe de l'électrode dans le trou, puis la pressa légèrement pour l'introduire dans la substance cérébrale. Le technicien tirait et poussait des boutons sur l'ordinateur. L'écran annonça : *Point d'entrée localisé.*

Le patient ne faisait pas le moindre mouvement, il était parfaitement silencieux. Le cerveau est insensible à la douleur, n'ayant plus de réception sensorielle. C'est par un de ces hasards que nous réserve l'évolution que cet organe qui propage les sensations douloureuses à travers le corps ne ressent rien lui-même.

Ross cessa de suivre les mouvements d'Ellis pour regarder les écrans de radiographie. Là, elle vit la ligne nette et blanche de l'électrode entrer d'un mouvement lent et régulier dans le cerveau. Elle regarda les vues de face et de côté, puis les images que donnait l'ordinateur.

L'ordinateur interprétait les images radiographiques par des dessins schématiques du cerveau, avec la région du lobe temporal en rouge et un tracé bleu clignotant montrant la ligne que l'électrode devait traverser. Ellis suivait parfaitement ce tracé.

« Joli, très joli », dit Ross.

A mesure que les électrodes s'enfonçaient, l'ordinateur indiquait de triples coordonnées, qui se succédaient rapidement.

« Avec du travail et de la patience, on arrive à la perfection », dit Ellis d'un ton acerbe.

Il utilisait à présent l'appareil réducteur attaché au « chapeau ». Cet appareil minimisait les mouvements de ses doigts qui ne produisaient que d'infimes changements sur les électrodes. Un mouvement de doigt d'un centimètre se réduisait à un mouvement d'un demi-millimètre. Très lentement les électrodes pénétrèrent dans le cerveau.

Ross n'avait qu'à lever les yeux pour voir le contrôle permanent de la télévision montrant Ellis au travail, et elle trouvait plus facile de le suivre sur l'écran. Mais elle se retourna, lorsqu'elle entendit Benson articuler distinctement « Aïe ! »

Ellis s'arrêta.

« Qu'est-ce que c'est ?

— Le malade », dit l'anesthésiste.

Ellis se pencha sur le visage de Benson.

« Ça va, monsieur Benson ?

— Oui, très bien, fit Benson d'une voix rauque et empâtée par l'abus des calmants.

— Vous ne souffrez pas ?

— Non.

— Détendez-vous maintenant. » Et Ellis reprit son travail.

Ross eut un soupir de soulagement. Tout cela l'avait préoccupée, elle était très tendue bien qu'elle sût qu'il n'y avait pas de raison de s'alarmer. Benson ne souffrait pas et elle savait qu'on avait provoqué une sédation de la douleur, une espèce de demi-sommeil grâce à des produits chimiques, mais non une totale inconscience. Il n'y avait pas de raison de faire une anesthésie générale.

Elle se remit à suivre l'ordinateur qui présentait une image inversée du cerveau, vu du bas près du cou. La trace de l'électrode était visible à son extrémité, formant un point bleu entouré de cercles concentriques. Ellis devait suivre cette trace à un millimètre près ; il dévia d'un demi-millimètre.

« *Erreur de tracé 50* », annonça l'ordinateur.

« Vous déviez », dit Ross.

L'électrode s'arrêta ; Ellis donna un coup d'œil aux écrans.

« Trop haut sur le plan bêta ?

— Écart sur gamma.

— O.K. »

Au bout d'un moment les électrodes poursuivirent leur chemin. « *Erreur de tracé 40* », annonça l'ordinateur. Un mouvement de rotation donna une image antéro-latérale du cerveau.

« *Erreur de tracé 20.*

— Bon redressement », fit Ross.

Ellis fredonnait doucement la musique de Bach qui continuait à jouer.

« *Erreur de tracé zéro* », annonça l'ordinateur et il présenta une vue latérale du cerveau. Le second écran montrait une vue frontale. Au bout d'un instant l'écran indiqua : « *On approche du but.* » Ross transmit le message.

Quelques secondes après éclatèrent les mots : « *But atteint.* »

« Vous y êtes », dit Ross.

Ellis recula de quelques pas et joignit les mains sur sa poitrine.

« Faisons une vérification », dit-il. Cette opération avait duré vingt-sept secondes.

Le programmeur maniait rapidement les boutons de l'ordinateur. Sur les écrans on voyait la pose simulée de l'électrode. Comme après la pose réelle, la simulation se termina par les mots : *but atteint.*

« Maintenant, comparons », dit Ellis.

L'ordinateur montrait l'opération simulée de la pose de l'électrode sur un écran et la comparait aux clichés radiographiques du malade. La similitude était parfaite. « *Comparaison dans les limites prévues* », annonça l'ordinateur.

« C'est fait », dit Ellis. Il vissa solidement la petite calotte de métal qui fixait les électrodes contre le crâne puis y appliqua un ciment dentaire pour la consolider. Il démêla les vingt fils qui sortaient des électrodes et les repoussa de côté.

« A l'autre, maintenant », dit-il.

Après avoir posé la deuxième série d'électrodes, avec son bistouri il fit une mince entaille en forme d'arc le long du crâne. Afin d'éviter les vaisseaux et les nerfs importants, la fente allait du point d'entrée des électrodes à l'oreille et à la base du cou. Elle descendait ensuite vers l'épaule droite. Coupant carrément, Ellis ouvrit une petite poche sous la peau de la poitrine, près de l'aisselle droite.

« Avons-nous l'accumulateur ? » demanda-t-il.

L'élément qu'on lui apporta était plus petit qu'un paquet de cigarettes et contenait trente-sept grammes d'isotope radioactif, oxyde de plutonium-239. Les radiations produisaient de la chaleur directement convertie en puissance électrique par une unité thermo-ionique. Grâce à un transformateur le débit avait le voltage nécessaire.

Ellis fit une dernière vérification de la puissance de l'appareil électronique avant l'implantation. Il le prit dans sa main.

« C'est froid, dit-il, je ne puis m'habituer à cela. » Ross savait qu'isolé par le vide l'extérieur restait froid mais qu'à l'intérieur du paquet la capsule radio-active produisait une chaleur de 500 degrés Farenheit — suffisante pour faire cuire un rôti.

Il vérifia les radiations pour s'assurer qu'il n'y avait pas de dispersion. Les compteurs indiquaient tous des chiffres normaux. Il y avait évidemment une certaine dispersion mais qui n'était pas plus importante que celle de tous les appareils commerciaux de télévision en couleurs.

Finalement il demanda la plaque que Benson serait obligé de porter tant qu'il aurait l'appareil atomique dans le corps. Elle avertissait qu'il portait un ordinateur et indiquait un numéro de téléphone. Ross savait que ce numéro correspondait à un enregistrement dont le disque tournait vingt-quatre heures sur vingt-quatre, donnant des informations techniques détaillées sur l'appareil, et faisant savoir que les balles de revolver, les accidents d'automobiles, le feu, etc., pouvaient provoquer un dégagement de plutonium qui était un émetteur puissant de particules alpha. Il donnait aussi des instructions particulières aux médecins, à la police et aux pompes funèbres, et recommandait de ne pas incinérer le corps sans avoir, au préalable, retiré l'appareil atomique.

Ellis introduisit la pile dans la petite poche qu'il avait pratiquée sous la peau de la cage thoracique. Il cousit les tissus tout autour. Puis il considéra avec attention l'ordinateur qui avait les dimensions d'un timbre-poste.

Ross leva les yeux dans la galerie vitrée surélevée. Gerhard et Richards, les deux jumeaux, étaient fascinés par ce qu'ils voyaient. Ellis vérifia l'appareil sous la loupe puis le remit à un technicien qui relia le petit ordinateur au grand ordinateur de l'hôpital.

Pour Ross, l'ordinateur était ce qu'il y avait de plus remarquable dans tout le système. Depuis trois ans qu'elle était au service neuropsychiatrique elle avait vu se transformer l'ordinateur — au début, c'était un prototype grand comme un porte-documents, aujourd'hui un minuscule objet qui tenait dans le creux de la main et qui, pourtant, contenait les mêmes éléments que le volumineux modèle primitif.

Ces petites dimensions rendaient possible l'implantation. Le malade pouvait circuler, se doucher, faire tout ce qu'il voulait. Infiniment préférable aux anciens appareils où l'accumulateur était accroché à la ceinture du malade et où les fils brinquebalaient partout.

Ross leva les yeux sur les écrans qui annonçaient : « *Contrôles opératoires interrompus pour vérifications électroniques.* » Sur l'un des écrans apparut un diagramme amplifié du circuit. L'ordinateur vérifiait chacun des gestes. Chaque vérification dura quatre millionièmes de seconde, il ne fallut pas plus de deux secondes pour passer en revue le processus complet. L'ordinateur annonça : « *Vérification électronique négative.* » Les images du cerveau réapparurent ensuite. L'ordinateur avait repris le contrôle de l'opération.

« Bien, dit Ellis, accrochons-le-lui. » Il attacha soigneusement les quarante fils des deux séries d'électrodes à l'appareil. Puis il les disposa le long du cou et posa le petit appareil de plastique sous la peau qu'il sutura. L'opération avait duré une heure douze minutes.

2

Morris transporta Benson dans une longue salle, basse de plafond, où l'on amenait les malades immédiatement après l'opération. Le service neuropsychiatrique disposait d'une partie de cette salle, qui abritait aussi des cardiaques et des grands brûlés. Mais la section réservée au service neuropsychiatrique, encombrée d'instruments électroniques, n'avait encore jamais été utilisée. Benson l'inaugurait.

Benson était très pâle, mais allait aussi bien que possible, sa tête et son cou étaient enveloppés de pansements épais. Morris veilla à ce que toutes les précautions soient prises pour le glisser doucement de la civière roulante à son lit. Dans la salle, Ellis téléphonait son rapport opératoire. En faisait le numéro 1104 il communiquait avec une machine enregistreuse. Le message dicté était ensuite dactylographié et inséré dans le dossier de Benson.

La voix d'Ellis bourdonnait... « des incisions d'un centimètre ont été faites dans la région temporale droite et des trous de deux millimètres percés avec une vrille K-7. L'implantation des électrodes Briggs a été pratiquée avec l'aide de l'ordinateur, d'après le programme limbique, les électrodes posées avec des capsules de fixation Tyler et du ciment dentaire. Les fils de transmission... »

« Que doit-on faire à votre opéré ? lui demanda l'infirmière de service.

— Signes vitaux : toutes les cinq minutes, la première heure, toutes les quinze minutes la deuxième heure, toutes les trente minutes la troisième heure, ensuite toutes les heures. Si tout est régulier, vous pourrez le transporter à l'étage dans six heures. »

L'infirmière approuva de la tête. Morris s'assit auprès du lit pour écrire une note relative à l'opération.

Courte note opératoire sur Harold Benson

Diagnostic pré-opératoire : syndrome aigu de levée d'inhibitions d'origine lésionnelle (lobe temporal).
Diagnostic postopératoire : identique.
Intervention : implantation de deux séries d'électrodes Briggs dans le lobe temporal droit avec pose d'un ordinateur et d'une pile de plutonium dans la région sous-cutanée.
Médicaments pré-op. :
Phénobarbital 500 mg } *une heure avant l'opération*
Atropine 60 mg }
Anesthésie : Lidocaïne (1/1 000), épinéphrine (localement).
Perte de sang : 250 cm³.
Liquide de remplacement : 200 cm³ D5.
Durée de l'opération : 1 heure 12'.
État postopératoire : Bon.

Au moment où il terminait cette note il entendit Ross qui disait à l'infirmière :

« Commencez le phénobarbital dès qu'il se réveillera. » Elle avait l'air furieuse.

Il la regarda. Le visage tendu, elle fronçait le sourcil.

« Il y a quelque chose qui cloche, Janet ?

— Non, bien sûr.

— Eh bien, s'il y a quelque chose que vous voulez...

— Assurez-vous seulement qu'on lui administre son barbiturique. Il faut qu'il reste assoupi jusqu'au moment de la « confrontation ».

Et elle repartit en fulminant. Morris la regarda puis lança un coup d'œil à Ellis qui, tout en dictant, surveillait ce qui se passait. Il haussa les épaules.

Morris installa l'appareil de contrôle sur l'étagère, au-dessus de la tête de Benson, tourna le bouton et attendit qu'il chauffe. Puis il plaça l'élément inducteur autour de l'épaule de Benson.

Pendant l'opération, tous les fils électriques avaient été mis en place, mais le circuit ne devait fonctionner qu'après qu'on eut « confronté » le malade. C'est-à-dire qu'il fallait déterminer quelle était celle des quarante électrodes qui empêcherait les crises de se produire, et fermer les connexions qu'il convenait de fermer sur l'ordinateur sous-cutané. Comme l'ordinateur se trouvait enfoncé dans la peau, il fallait, pour fermer, avoir recours à un élément inducteur qui agissait à travers la peau. Mais la « confrontation » ne pouvait avoir lieu avant le lendemain.

En attendant, l'appareil contrôlait les réactions cérébrales de Benson. Au-dessus du lit les écrans étaient d'un vert lumineux sur lequel ressortait le tracé blanc de l'électro-encéphalogramme. Le tracé était normal, compte tenu des rythmes alpha ralentis par les barbituriques.

Benson ouvrit les yeux et regarda Morris.

« Comment vous sentez-vous ?

— J'ai sommeil, dit-il. Est-ce que ça va bientôt commencer ?

— Mais c'est fini », dit Morris.

Benson remua doucement la tête et ferma les yeux. Un technicien du laboratoire de radiologie vint vérifier la déperdition du plutonium avec un compteur Geiger. Morris glissa la plaque autour du cou de Benson. L'infirmière la contempla curieusement en fronçant les sourcils.

Puis Ellis arriva :

« C'est l'heure du petit déjeuner ?

— Oui, dit Morris, allons-y. »

Ensemble ils quittèrent la chambre.

3

Décidément, sa propre voix ne lui plaisait pas, il la trouvait rauque et sa diction mauvaise. McPherson préférait aligner les mots sans les prononcer, comme on lit un livre. Il appuya le bouton du microphone sur la machine à dicter.

« Trois, en chiffres romains — Implications philosophiques. »

III. *Implications philosophiques*

Il s'arrêta et jeta un coup d'œil à son bureau. Sur le coin de la table un grand moulage du cerveau. Des étagères couvertes de journaux. Un meuble de télévision. Il regardait maintenant l'écran qui redonnait l'opération du matin. Les images, sans le son. Ellis était en train de percer des trous dans le crâne de Benson. McPherson commença à dicter.

« *Cette intervention représente la première liaison avec un ordinateur. C'est une liaison permanente. Évidemment on peut dire que tout individu qui presse les boutons d'un ordinateur est en liaison avec l'appareil.* »

« Ça ne va pas », pensa-t-il. Il changea la bande.

« *Un homme qui agit sur un ordinateur en pressant les*

boutons est en liaison avec cet ordinateur. Mais ce n'est pas une liaison directe et permanente. Cette opération représente donc quelque chose de tout à fait différent. Que doit-on en penser ? »

Il braqua les yeux sur l'image de l'opération à la télévision, puis continua :

« *Dans ce cas on pourrait considérer l'ordinateur comme un appareil de prothèse. De même qu'un amputé du bras reçoit un bras artificiel, un homme qui a le cerveau malade peut aussi recevoir une aide artificielle. Dans cette opération on peut donc considérer l'ordinateur comme jouant le rôle d'une jambe de bois. Mais ici les conséquences vont beaucoup plus loin.* »

Il fit une pause pour regarder l'écran, la bande avait été changée et au lieu de l'opération elle présentait une interview psychiatrique avec Benson qui avait eu lieu avant l'opération. Benson paraissait très agité et gesticulait en parlant, sa cigarette à la main.

McPherson ouvrit le bouton du son...

« Ils ne savent pas ce qu'ils font. La machine est partout. Autrefois elle était là pour servir l'homme, à présent c'est l'homme qui peu à peu devient l'esclave de la machine. »

Ellis fit irruption dans le bureau, vit l'écran de la télévision et sourit :

« Vous regardez les images d'*avant* ?

— J'essaie de travailler », dit McPherson en lui montrant la machine à dicter.

Ellis s'esquiva et ferma la porte derrière lui. Benson parlait toujours : « Je sais que je trahis la race humaine en essayant de perfectionner la machine. C'est mon métier, je programme l'intelligence artificielle... »

McPherson baissa le son, puis se remit à dicter. « *Il faut distinguer l'ordinateur central de l'ordinateur périphérique. Un ordinateur central peut être situé dans un endroit retiré, dans un sous-sol par exemple. Les appareils pour téléspectateurs sont périphériques. Ils sont en connexion avec l'ordinateur central.* »

Il regarda l'écran. Benson était de plus en plus agité. Il reprit le son :

« Pour commencer, la machine à vapeur, puis l'automobile, l'aéroplane... maintenant l'ordinateur, les circuits *feed-back*. »

McPherson ferma le son.

« *Chez l'homme, il y a un cerveau central qui donne ses instructions à la bouche, aux bras, aux jambes. Nous jugeons du fonctionnement du cerveau par l'activité de ces fonctions périphériques. Nous observons les paroles, les actes d'un individu et nous en déduisons la manière dont fonctionne le cerveau. C'est une idée qui est familière à tout le monde.* »

« Qu'en penserait Benson ? se dit McPherson. Serait-il d'accord ou non ? »

« *En faisant cette opération nous créons un homme qui a deux cerveaux. Un cerveau biologique qui est atteint, et un cerveau électronique qui est destiné à réparer ce qui ne va pas — à exercer un contrôle sur le cerveau biologique. On est donc en présence d'une situation nouvelle. Le cerveau biologique du patient devient le périphérique terminal du nouvel ordinateur. Dans une certaine région, le cerveau électronique exerce un contrôle total. Ainsi le cerveau biologique est devenu le point terminal du nouvel ordinateur. Nous avons créé un homme qui est un ordinateur terminal compliqué. Le patient est devenu un élément qu'enregistre le nouvel ordinateur et il est aussi impuissant à contrôler cet enregistrement qu'un écran de télévision est impuissant à contrôler l'information qu'il présente.* »

« C'est peut-être aller trop loin », se dit McPherson. Il pressa un bouton : « Harriet, dit-il, tapez ce dernier paragraphe mais je le reverrai. Quatre, en chiffres romains. Résumé et conclusions. »

IV. *Résumé et conclusions*

Il s'arrêta encore une fois et ouvrit le son. Benson était en train de dire « ... je les déteste, particulièrement les prostitués. Les mécaniciens sur avions, les danseuses, les traducteurs, les pompistes, tous ceux qui sont des machines ou qui servent la machine, tous ceux qui se prostituent — je les hais. »

4

« Et qu'éprouviez-vous ? demanda le docteur Ramos.

— J'étais en colère, j'étais furieuse, cette infirmière qui était là et qui regardait... En faisant semblant de ne pas comprendre ce qui se passait.

— Pourquoi étiez-vous furieuse ? dit le docteur Ramos d'une voix traînante.

— A cause de l'opération. A cause de Benson. Ils l'ont faite. Depuis le commencement je leur disais que c'était une idée absurde, dangereusement absurde, mais ils se sont obstinés, tous, Ellis, Morris et McPherson. Ils sont contents d'eux-mêmes, surtout Morris. Quand je l'ai vu après l'opération qui regardait Benson tout couvert de pansements et pâle comme un mort, et qui le regardait avec une espèce de satisfaction méchante, je suis devenue folle.

— Pourquoi ?

— Parce qu'il était si pâle. »

Elle cherchait en vain ce qu'elle pouvait répondre.

« Je crois que l'opération a réussi, dit le docteur Ramos. Tout le monde est pâle après une opération. Qu'est-ce qui vous a mise en colère ?

— Je ne sais pas », avoua-t-elle finalement.

Elle était étendue et ne pouvait voir le docteur Ramos qui était à la tête du lit. Il y eut un long silence pendant lequel elle regardait le plafond en essayant de trouver quelque chose à dire. Tout était confus dans son esprit. Finalement le docteur Ramos dit : « Vous semblez avoir attaché de l'importance à la présence de l'infirmière.

— Je ne sais pas.

— C'est vous qui m'en avez parlé.

— Je l'avais oublié.

— Vous m'avez dit qu'elle était là et qu'elle savait ce qui se passait — qu'est-ce qui s'est passé exactement ?

— J'étais folle.

— Et vous ne savez pas pourquoi ?

— Si, je le sais, dit-elle. A cause de Morris, qui est si prétentieux.

— Prétentieux ? répéta le docteur Ramos.

— Il a une assurance insupportable.

— Vous avez dit qu'il était prétentieux.

— J'ai dit n'importe quoi. » Elle coupa court ; elle était toujours en proie à une colère qu'elle entendait se refléter dans sa propre voix.

« Vous êtes toujours furieuse ? dit le docteur Ramos.

— Oui.

— Pourquoi ? »

Après une longue pause elle dit :

« Ils ne m'ont pas écoutée.

— Qui ne vous a pas écoutée ?

— Personne ne m'a écoutée. Ni Ellis, ni Morris, ni McPherson.

— Avez-vous dit à Ellis ou au docteur McPherson que vous étiez en colère ?

— Non.

— Vous avez exhalé votre colère sur Morris.

— Oui. »

Il essayait de l'amener quelque part mais elle ne savait où. Généralement elle comprenait ce procédé psychologique, mais cette fois-ci...

« Quel âge a le docteur Morris ?

— Je ne sais pas. A peu près mon âge — trente ou trente et un ans.

— Comme vous ? »

Cette façon de répéter ce qu'elle disait l'agaçait.

« Oui, il est à peu près de mon âge.

— C'est un chirurgien.

— Oui...

— Il est peut-être plus facile de se mettre en colère contre quelqu'un qui est votre contemporain ?

— Probablement. Je n'ai jamais pensé à cela.

— Votre père aussi était chirurgien, mais évidemment pas votre contemporain.

— Vous n'avez pas besoin de me faire un dessin, dit-elle.

— Je vois que vous êtes toujours en colère.

— Changeons de sujet, voulez-vous ?

— Très bien », dit-il, de sa voix naturelle et tranquille qu'elle trouvait tantôt désagréable et tantôt détestable.

5

Morris avait horreur de recevoir les malades qui se présentaient à l'hôpital pour la première fois. Cette consultation externe comprenait surtout des cliniciens psychologues. Une statistique récente montrait que sur quarante nouveaux malades un seul entrait au service neuropsychiatrique et que sur quatre-vingt-trois un seul était reconnu avoir des lésions organiques entraînant des manifestations du comportement. Autant dire que cette première visite était une perte de temps.

Et ceci était particulièrement vrai pour les malades qui venaient à la visite de leur propre chef.

Depuis un an McPherson avait décidé, pour des raisons politiques, d'afficher entrée libre au service neuropsychiatrique. La plupart des malades y venaient sur ordre d'un médecin, bien sûr, mais McPherson estimait que le prestige du service exigeait qu'on soignât aussi rapidement tous ceux qui venaient d'eux-mêmes, sans recommandation.

McPherson tenait aussi à ce que tous les membres de l'équipe examinent les malades à tour de rôle. Morris passait deux jours par mois dans les petites salles de consultation ornées de vitres qui n'étaient transparentes que d'un seul côté. C'était son jour et il aurait préféré être ailleurs. Il était encore sous le coup de l'opération exaltante du matin et il n'avait pas envie de s'astreindre à cette corvée.

Il lança un regard morose au malade qui entrait. C'était un jeune homme d'une vingtaine d'années, vêtu d'un sweater et d'une salopette. Il portait les cheveux longs. Morris se leva pour le saluer.

« Je suis le docteur Morris.

— Craig Beckerman.

— Asseyez-vous, je vous prie. » Il indiqua le fauteuil qui était en face de son bureau.

« Qu'est-ce qui vous amène ici ?

— Eh bien, je viens par curiosité. J'ai lu dans une revue un article sur la chirurgie du cerveau, et ça m'intrigue.

— Qu'est-ce qui excite votre curiosité ?

— Cet article... peut-on fumer ?

— Bien sûr, dit Morris, et il tendit un cendrier à Beckerman qui sortit un paquet de Camel, en prit une qu'il tapota sur la table et alluma.

— Oui... Cet article dit que vous posez des fils électriques dans le cerveau. Est-ce vrai ?

— Nous procédons quelquefois à ce genre d'intervention. »

Beckerman fumait sa cigarette.

« Est-il vrai que vous pouvez poser des fils qui font éprouver du plaisir ? un plaisir intense ?

— Oui, dit Morris en s'efforçant d'être aimable.

— C'est réellement vrai ?

— Réellement vrai », fit Morris. Il secoua sa plume qui n'avait plus d'encre, ouvrit le tiroir pour en prendre une autre et du même coup appuya sur un bouton qui se trouvait à l'intérieur. Le téléphone sonna aussitôt.

« Docteur Morris, vous avez appelé ?

— Voulez-vous, je vous prie, passer toutes les communications au service.

— Certainement, dit la secrétaire.

— Merci », et il raccrocha. Il savait que ceux du service ne tarderaient pas à arriver pour regarder par la porte vitrée. « Excusez-moi de vous avoir interrompu. Vous disiez ?

— A propos des fils dans le cerveau.

— Oui, nous exécutons cette opération, dans des circonstances particulières et à titre expérimental.

— Ça me convient, dit Beckerman en tirant sur sa cigarette.

— Si vous voulez des renseignements je peux vous faire envoyer des articles qui vous expliqueront nos recherches et nos résultats.

— Non, non, dit Beckerman en souriant. Je ne veux pas de renseignements. Je veux l'opération. Je suis volontaire. » Morris feignit d'être surpris. Il attendit un instant et dit :

« Je vois.

— Écoutez, dit Beckerman, l'article disait qu'un choc électrique faisait l'effet de douze orgasmes. C'est vraiment sensationnel.

— Et vous voulez qu'on vous fasse cette opération ?

— Oui, dit vigoureusement Beckerman.

— Pourquoi ?

— Quelle question ! vous vous fichez de moi. Est-ce que tout le monde n'aurait pas envie de se payer un plaisir pareil ?

— Peut-être, mais vous êtes le premier à le demander.

— Comment expliquez-vous ça ? est-ce vraiment très coûteux ?

— Non, mais nous ne faisons pas de chirurgie du cerveau sans raison sérieuse.

— Oh ! Bon Dieu ! dit Beckerman, vous en êtes encore là ! »

Il se leva et sortit en hochant la tête.

Les trois types du service des applications thérapeutiques avaient l'air stupéfait. Ils étaient dans la pièce contiguë et regardaient par la vitre. Beckerman était parti depuis longtemps.

« Passionnant ! » dit Morris.

Les types ne répondirent pas. Puis finalement l'un d'eux s'éclaircit la voix et dit :

« C'est le moins qu'on puisse dire. »

Morris savait ce qui se passait dans leur tête. Pendant des années ils avaient fait des études théoriques, des études d'applications, de ramifications, des études d'opérations industrielles sur la consommation et le rendement. Ils étaient habitués à travailler dans le futur et voilà qu'ils étaient face à face avec le présent.

« C'est un futur "électromane" », dit l'un des deux autres. Cette notion d'un individu qui avait besoin de chocs électriques comme d'autres ont besoin de drogue avait soulevé beaucoup d'intérêt, bien qu'elle fût considérée dans le milieu scientifique comme appartenant au domaine de la fantaisie et de l'imagination. Mais ils avaient devant eux un futur toxicomane de l'électricité.

« L'électricité c'est le stimulant, l'excitant numéro un », dit le troisième, d'un rire nerveux.

Morris se demandait ce que dirait McPherson. Il tirerait probablement des conclusions philosophiques. A cette époque-là, McPherson ne s'intéressait guère qu'à la philosophie.

L'idée de s'intoxiquer à l'électricité avait pris naissance à la suite d'une étonnante découverte de James Olds, dans les années 1950. Olds avait remarqué qu'une stimulation électrique de certaines régions du cerveau produisait un plaisir intense. Il appela certains tissus cérébraux des « fleuves de récompense ». Si on introduisait une électrode dans une de ces régions chez un rat, l'animal déclenchait un réflexe d'autostimulation pour recevoir un choc jusqu'à cinq mille fois par heure. Avide de plaisir, il en perdait le boire et le manger. Il ne s'arrêtait que lorsqu'il était épuisé et dans un état de prostration.

Cette expérience remarquable avait été reproduite sur des poissons rouges, des cobayes, des dauphins, des chats et des chèvres. Le plaisir résidait bien dans le cerveau et c'était un phénomène universel qui avait été constaté chez les êtres humains.

D'où l'idée abstraite qu'un individu pouvait s'habituer aux chocs électriques qui provoquaient le plaisir dont il avait besoin, s'y habituer comme à une drogue. A première vue cela paraissait impossible mais en réalité le fait existait.

Actuellement l'équipement technologique était onéreux, certes, mais rien n'empêchait d'imaginer que, dans un avenir proche, des firmes japonaises fabriqueraient des électrodes pour deux ou trois dollars et les exporteraient.

D'autre part une opération illégale n'était pas impraticable. A un certain moment, un million de femmes américaines se faisaient avorter chaque année. La chirurgie d'implantation cérébrale était plus compliquée mais non irréalisable. Et les techniques chirurgicales se normaliseraient certainement à l'avenir. On pouvait déjà imaginer la création de cliniques de ce genre à Mexico et aux Bahamas.

Enfin on ne manquerait pas de chirurgiens. Un neurochirurgien bien organisé pouvait faire de dix à quinze opérations par jour et gagner 1 000 dollars à chaque coup. L'appât du gain attirerait nombre de chirurgiens peu scrupuleux. Pour une somme de cent mille dollars par semaine, on peut se laisser entraîner à enfreindre la loi — si jamais une telle loi était promulguée.

Et cela était peu probable. L'année précédente, l'hôpital avait organisé un séminaire avec des professeurs de droit sur la technologie biomédicale. La question des maniaques qui s'adonneraient aux joies des chocs électriques ne souleva pas l'intérêt des juristes qui estimèrent que ce cas particulier n'entrait pas dans le cadre des lois concernant la drogue. Ils établissaient une différence catégorique entre celui qui, innocemment ou involontairement, devenait l'esclave de la drogue et celui qui, froidement, réclamait une opération pour devenir l'esclave des chocs électriques. Ces hommes de loi estimaient que personne ne se porterait candidat pour cette intervention et que par conséquent le problème juridique ne se poserait pas. Et voilà que Beckerman se mettait sur les rangs.

« Que le diable m'emporte ! » dit l'un des trois types.

Morris n'apprécia pas ce commentaire peu sérieux. Depuis qu'il était au service neuropsychiatrique il avait déjà éprouvé le sentiment que les choses allaient trop vite. On va de l'avant sans prudence et sans contrôle et, brusquement, *tout* peut nous échapper et nous dépasser.

6

A six heures du soir Roger McPherson, chef du service des recherches neuropsychiatriques, monta voir son malade du septième étage. En effet, Benson était *son* malade, sa propriété en quelque sorte, et ce sentiment n'était pas entièrement faux. Sans McPherson, il n'y eût pas eu de service neuropsychiatrique, par conséquent pas de chirurgie, ni de Benson. Tel était du moins le raisonnement qu'il se faisait.

La chambre 710 était calme et baignait dans la lumière rougeâtre du soleil couchant. Benson paraissait endormi mais il ouvrit les yeux quand McPherson ferma la porte.

« Comment allez-vous ? demanda McPherson en s'approchant du lit.

— Tout le monde me pose la même question, dit Benson en souriant.

— C'est tout naturel, répondit McPherson.

— Je suis fatigué, c'est tout, très fatigué... Par moments, j'ai l'impression que je suis une bombe et que vous vous demandez quand je vais exploser.

— Voilà donc quelles sont vos pensées ?

— Tic-tac, fit Benson en fermant les yeux. Tic-tac. »

Le visage de McPherson se rembrunit. Certes ! il était habitué aux comparaisons techniques de Benson — cet homme était hanté par l'idée que les hommes devenaient des machines. Mais que ça lui revienne si vite après l'opération...

« Vous souffrez ?

— Simplement un peu mal derrière les oreilles, comme si j'étais tombé. »

« C'est la douleur de l'os qui a été perforé », se dit McPherson.

« Tombé ?

— Je suis un type tombé. J'ai succombé.

— A quoi ?

— J'ai succombé au fait d'être transformé en machine ou en bombe.

— Avez-vous d'étranges sensations ? Sentez-vous de mauvaises odeurs ? » Tout en l'interrogeant McPherson regardait l'électro-encéphalogramme au-dessus du lit. Il indiquait une courbe alpha normale, sans tendance à la violence.

« Non, absolument rien qui ressemble à cela.

— Mais vous avez la sensation que vous allez exploser ? »

« C'est Ross qui devrait lui poser ces questions », pensait McPherson.

« Oui, dit Benson. Dans la guerre qui vient, nous exploserons tous.

— Que voulez-vous dire ?

— La guerre entre les hommes et les machines. Voyez-vous, le cerveau humain est dépassé. »

C'était la première fois que McPherson entendait Benson émettre cette idée. Il le regarda, étendu sur son lit, la tête et les épaules couvertes de pansements. Il paraissait énorme et sa tête, démesurée.

« Oui, dit Benson, le cerveau humain est allé

aussi loin qu'il peut aller. Il est épuisé et il a engendré une nouvelle génération.

« Pourquoi suis-je si fatigué ? ajouta-t-il, et il ferma les yeux.

— Ce sont les suites de l'opération.

— Une "petite intervention" », dit-il en souriant, les yeux toujours fermés. Un instant après, il ronflait.

McPherson resta quelques minutes près du lit, puis alla à la fenêtre regarder le soleil qui se couchait sur le Pacifique. Benson avait une belle chambre d'où l'on apercevait l'océan, entre les hautes maisons de Santa-Monica. Au bout d'un moment il se dirigea vers le bureau des infirmières pour ajouter une note au dossier de Benson.

« *Le malade est vif et alerte, il garde le sens de l'orientation.* » McPherson ne savait pas s'il percevait sa position par rapport au milieu extérieur, mais il s'en tint là.

« *Idées claires et logiques mais le malade conserve une vision angoissée de la machine, qu'il avait avant l'opération. Il est trop tôt pour se prononcer, mais il semble que les pronostics étaient exacts et que l'opération n'a pas modifié son état mental, entre les crises.* »

Signé, Roger McPherson, docteur en médecine.

Il se relut avec satisfaction : cette note était bien faite, directe, modérée, sans fausses prévisions. Il replaça le dossier sur les rayons. Après tout, c'était un document légal qui pouvait servir de témoignage devant un tribunal. McPherson ne pensait pas qu'on en arriverait là, mais on n'est jamais trop prudent.

Qu'on le veuille ou non, le patron d'un grand laboratoire scientifique remplit des fonctions politiques, cela fait nécessairement partie de ses attributions.

Il faut que tous ceux qui y travaillent soient contents. Mais de même qu'en politique, plus il y a de gens remarquables plus les choses sont difficiles.

Pour entretenir le laboratoire, il faut des capitaux de l'extérieur et cela, c'est aussi de la politique, surtout si on se consacre à une spécialité particulière, comme le service neuropsychiatrique. McPherson avait compris depuis longtemps le principe décevant des subventions. Quand on demande des fonds il faut annoncer qu'ils seront employés à la recherche de l'enzyme qui permettrait de guérir le cancer. On trouve facilement soixante mille dollars pour ce projet alors qu'on n'en récoltera pas six cents pour les maladies mentales.

Des rangées de dossiers étaient alignées sur l'étagère — noms inconnus parmi lesquels figurait celui de Benson, 710. « Benson n'a pas tort, se dit-il. C'est une bombe en circulation. On est arrivé à guérir des cardiaques, des malades du rein, mais les traitements psychiques sont désastreux, bien que les thérapeutiques du service neuropsychiatrique soient analogues à celles employées pour les autres organes. » Le pace-maker atomique avait été, à l'origine, prévu pour des applications en cardiologie.

Mais le fait était là et les résultats désastreux. Et Benson se prenait pour une bombe. McPherson sortit le dossier qu'il venait de ranger et ouvrit rapidement la page des prescriptions médicales. Il ajouta à celles d'Ellis et de Morris : « *Après la "confrontation" demain matin, commencer la thorazine.* » Puis, craignant que le mot « confrontation » ne soit pas compris des infirmières, il le biffa et écrivit : « *Demain après-midi, commencer la thorazine.* »

« Je serai plus tranquille quand Benson sera sous thorazine, se dit-il. Si nous ne pouvons désamorcer la bombe, du moins pouvons-nous la plonger dans un baquet d'eau froide. »

7

La nuit était avancée. Au service électronique Gerhard contemplait anxieusement l'ordinateur. Il y introduisit de nouvelles instructions puis se dirigea vers une machine télétype qui transmettait une liasse de feuilles rayées de vert. Il les examina rapidement pour rechercher une erreur qu'il savait exister dans les instructions programmées.

L'ordinateur, lui, ne faisait jamais de fautes. Gerhard utilisait des ordinateurs depuis plus de dix ans et n'avait jamais décelé d'erreur de la machine. Lorsqu'une erreur se présentait elle venait du programme. Cette infaillibilité était difficile à admettre d'abord parce qu'elle cadrait mal avec le reste du monde où toutes les autres machines fonctionnaient imparfaitement — fusées qui éclatent, prototypes qui se cassent, automobiles qui ne démarrent pas. L'homme moderne s'attend à ce que les machines fassent leur part d'erreur.

Mais avec les ordinateurs, c'est différent et il est parfois humiliant de travailler avec eux. Même si on met des semaines à trouver la solution du problème, même si on fait vérifier le programme par des dizaines de gens, même si toute l'équipe en arrive à dire que pour une fois le circuit a mal fonctionné — on finit toujours par constater que l'erreur vient des hommes. Toujours.

Richards entra, ôta sa veste de sport et se versa une tasse de café.

« Comment ça marche-t-il ?

— J'ai des ennuis avec George.

— Encore ? Zut ! Et Martha ?

— Martha, ça va bien. Mais George...

— Quel George ?

— Saint George, dit Gerhard, une vraie carne. »

Richards avala son café et s'assit à côté de l'ordinateur.

« Tu veux bien que j'essaie ?

— Bien sûr. »

Richards se mit à appuyer sur les boutons. Il fit apparaître le programme saint George, ensuite le programme Martha — puis les deux ensemble.

Richards et Gerhard n'étaient pas les auteurs de ces programmes qui avaient été modifiés sur des programmes d'ordinateurs appartenant à d'autres universités. Mais l'idée était la même : créer un programme qui ferait agir l'ordinateur avec sensibilité, comme les êtres humains. Il était par conséquent logique de donner à ces programmes des noms tels que George et Martha. Eliza à Boston, Aldous en Angleterre avaient créé des précédents.

George et Martha étaient deux programmes semblables, à quelques petites différences près. A l'origine, George avait été programmé pour donner des réponses aux stimuli. Puis on inventa Martha avec laquelle il y eut des difficultés. Tout déplaisait à Martha. Finalement on formula un autre George, très aimable, qu'on appela saint George.

Chacun des programmes répondait à trois états sentimentaux différents : l'amour, la peur et la colère. Chacun pouvait présenter trois attitudes : l'approche, le recul et l'attaque. Tout cela était évidemment très abstrait et représenté par des chiffres. Le premier George, par exemple, ne réagissait pas aux chiffres, mais n'aimait pas le nombre 751, ni 743, 772. Il préférait les nombres comme 404, 133, 918. Si on perforait l'un de ces nombres, George répondait par des nombres qui signifiaient amour ou approche. Si on perforait 707, George reculait, 750, George attaquait avec colère, ces mouvements étant toujours représentés par les nombres qu'il inscrivait.

Les membres du service neuropsychiatrique s'amusaient depuis longtemps avec ces programmes. Puis ils les avaient modifiés pour faire « parler » l'ordinateur. Les nombres avaient été traduits par des phrases. C'était amusant et instructif. On avait appelé l'action réciproque qui se déroulait le « jeu de Noël » parce qu'il y avait échange de cadeaux, et l'on avait attribué à ces objets une valeur sentimentale, comme celle que l'on attribuait aux nombres.

George agissant avec Martha se la conciliait généralement et son humeur acariâtre s'apaisait.

Mais saint George avait sur elle des effets désastreux, du moins quand les choses fonctionnaient normalement. Richards regarda la transmission lumineuse sur l'écran.

« *Hello. Je suis saint George.*

— *Hello.*

— *Comment t'appelles-tu ?*

— *Martha.*

— *Tu ne parles pas beaucoup, Martha.*

— *Non.*

— *Mais je t'aime.*

— *Moi, je ne t'aime pas.*

— *Je le sais mais qu'y puis-je ?* »

« Quand est-ce que ce dialogue a commencé ? Les phrases ne sont pas émises entièrement, dit Richards.

— Ce n'est rien, dit Gehrard, continue de surveiller. »

« *Tu m'aides ?*

— *Oui, j'aimerais t'aider.*

— *Prends un chat.* »

Richards sourcilla. D'après le programme, Martha et George devaient détester les chats. Donner un chat à George, c'était un signe d'hostilité.

« *Merci.*

— *Je te donne un autre chat.*

— *Merci, tu es bien bonne.*

— *Je te donne un autre chat.*

— *Non, merci.*

— *Tu n'aimes pas les chats ?*

— *Si, mais j'ai assez de chats.*

— *Je te donne un gorille.* »

« Vraiment mauvais, dit Richards. Comment sont les autres dialogues ?

— A peu près pareils, dit Gehrard.

— Aussi mauvais ?

— Oui. »

Ils étaient persuadés maintenant que lorsque les ordinateurs agissaient l'un sur l'autre les résultats étaient imprévisibles.

C'était comme un ordinateur qui jouerait au jeu de dames... et qui gagnerait, mais différemment chaque fois, d'après ce que ferait l'adversaire.

« *Je ne veux pas de gorille.*

— *Tu n'aimes pas les gorilles ?*

— *Non, merci.*

— *Tu es trop poli.*

— *Excuse-moi si je t'ai offensée.*

— *Tu parles trop.*

— *Excuse-moi.*

— *Je te donne une aubergine.* »

Richards regardait avec intérêt. Les aubergines ne figuraient pas sur l'environnement de George mais il détestait les concombres et les bananes.

« *Non, merci.*

— *Tu n'aimes pas les aubergines ?*

— *Pas beaucoup.*

— *En voilà une autre.*

— *Non, merci.*

— *Je veux que tu la prennes.*

— *Non, merci.*

— *Allons, prends-la.*

— *Non, merci.*

— *J'insiste.*

— *Non, merci.* »

« Qu'est-il arrivé à saint George ? demanda Richards, ses réponses sont toutes semblables.

— C'est bien ce qui m'inquiète.

— Autour de quoi tourne-t-il sur le programme ?

— J'étais en train de chercher quand tu es entré. »

« *J'insiste pour que tu prennes un concombre.*

— *Je refuse.* »

« George ! » dit Richards spontanément, sans réfléchir.

« *Alors une banane.*

— *Non.* »

George s'effondre, il a cessé d'être un saint.

« *Alors prends une banane et un concombre.*

— *Non, merci.*

— *J'insiste.*

— *Va au diable, je vais te tuer.* »

L'écran se couvrit de points.

« Qu'est-ce que ça veut dire, cette réponse non enregistrable ?

— Je ne sais pas, c'est la première fois que je vois ça.

— Combien de fois a-t-on passé ce programme ? demanda Richards.

— Cent dix fois contre Martha.

— A-t-on supprimé certaines choses ?

— Non.

— Je suis complètement perdu, dit Richards. Le saint commence à s'emporter. »

Gerhard retourna à la machine enregistreuse. En théorie, ce qui se produisait n'était pas trop surprenant. George et Martha étaient en principe programmés pour permettre des combinaisons et des enseignements. Comme dans les programmes de jeux de dame, ce programme était établi pour que la machine « apprenne » de nouvelles réponses. Après cent dix séries d'expériences, George avait brusquement cessé d'être un saint. Il apprenait à ne plus être un saint à côté de Martha, bien qu'il eût été programmé pour l'être.

« Je comprends exactement ce qu'il ressent », dit Richards en arrêtant la machine. Puis avec Gerhard il alla chercher l'erreur qui était cause de ce changement.

JEUDI 11 MARS 1971

Confrontation

1

Assise dans la salle vide, Janet Ross jeta un coup d'œil sur l'horloge qui était au mur. Il était exactement neuf heures. Sur le bureau, un vase de fleurs et un bloc-notes. Puis elle dit à haute voix :

« Que faisons-nous ? »

Il y eut un déclic et on entendit la voix de Gerhard dans le haut-parleur installé au plafond.

« Il nous faut encore quelques minutes pour régler le niveau du son. La lumière est bonne. Vous voulez dire un mot ? »

Elle fit oui de la tête et se retourna pour regarder le miroir qui était derrière elle. Elle n'y vit que son propre reflet mais elle savait que Gerhard était derrière et qu'un dispositif spécial lui permettait de la voir.

« D'après votre voix, on sent que vous êtes fatigué, dit-elle.

— Des ennuis avec saint George hier soir, dit Gerhard.

— Moi aussi je suis fatiguée, dit-elle. J'ai des ennuis avec quelqu'un qui n'est pas un saint », et elle se mit à rire. Elle parlait simplement pour les aider à régler le son, sans faire bien attention à ce qu'elle disait. Mais il était bien vrai qu'Arthur n'était pas un saint. Lorsqu'elle l'avait rencontré elle avait cru faire une découverte extraordinaire et elle s'apercevait qu'elle s'était trompée. En réalité elle avait eu un béguin pour lui et s'était un peu emballée. (« Emballée, hum ? est-ce bien le mot ? » Il lui semblait entendre le docteur Ramos.) Arthur était beau et riche. Il avait une Ferrari jaune, beaucoup d'entrain et beaucoup de charme. Auprès de lui, elle se sentait féminine et frivole. Il faisait des choses folles comme de l'emmener en avion à Mexico pour dîner parce qu'il y connaissait un petit restaurant qui servait les meilleurs « tacos » du monde. Elle reconnaissait que tout cela était stupide mais l'amusait. Et puis elle était en quelque sorte libérée de ne plus parler de médecine, d'hôpital et de psychiatrie ; il ne s'intéressait à elle qu'en tant que femme (« non comme un objet de sexe ? » Au diable le docteur Ramos et ses interprétations psychanalytiques).

Puis à mesure qu'elle le connut mieux, elle eut envie de lui parler de son travail et, à sa grande surprise, elle s'aperçut qu'Arthur s'y refusait. Il était agent de change — métier facile pour un homme dont le père est riche — et parlait avec autorité d'argent, de placements, d'intérêts. Mais il avait une sorte d'agressivité — d'autodéfense — comme pour se justifier vis-à-vis de lui-même.

Et elle comprit qu'elle aurait dû savoir dès le début qu'Arthur s'intéressait à elle parce qu'elle avait une personnalité, une existence propre. Il était plus difficile de l'impressionner, de l'emballer, que de séduire les petites actrices qui s'exhibent chez Bumbles ou au Candy Store. Par conséquent il en retirait plus de satisfactions.

Finalement, ne trouvant plus aucun plaisir dans la frivolité, elle se lassa de jouer son rôle et tomba dans une vague dépression dont elle reconnaissait les signes. Elle était de plus en plus prise à l'hôpital et annulait ses rendez-vous avec lui. Quand elle le voyait, son allant, son agitation l'agaçaient, et même ses vêtements et ses voitures. Elle le regardait, en dînant, et ne trouvait plus trace en lui de ce qu'elle avait cru y voir. Elle avait rompu, la nuit précédente. Ils s'y attendaient tous les deux...

« Tu ne parles plus, dit Gerhard.

— Je ne sais pas quoi dire... Maintenant, il faut que tous les hommes de bonne volonté viennent au secours du malade. » Puis elle se mit à chantonner : « Nous nous retrouverons tous au ciel. » Elle s'arrêta.

« Ça te suffit ? dit-elle.

— Non, encore un peu.

— "Marie, Marie, ton jardin pousse-t-il bien ?" J'ai oublié la suite, dit-elle en riant.

— Très bien, tu nous as aidés à régler le son. »

Elle regarda le haut-parleur.

« La "confrontation" aura-t-elle lieu quand les séries seront terminées ?

— Probablement, si tout va bien. Rog est pressé de lui administrer les tranquillisants. »

Elle était d'accord. La « confrontation » était la dernière phase du traitement de Benson et il fallait attendre que cela soit fait pour lui donner des tranquillisants. Il avait été sous phénobarbital jusqu'à minuit, la nuit précédente. Ce matin il aurait les idées claires pour la fameuse « confrontation ».

Ce mot de « confrontation », c'était une trouvaille de McPherson, qui aimait le vocabulaire de l'ordinateur. La « confrontation » était la limite entre deux systèmes ou entre un ordinateur et un mécanisme effecteur. Dans le cas de Benson, c'était, en somme, une limite entre deux ordinateurs, son cerveau et ce petit ordinateur placé sous son épaule. Les fils électriques étaient posés mais non les commutateurs. Et lorsqu'ils le seraient, alors on établirait le circuit *feed-back* (ou rétroactif) de Benson et de son ordinateur.

McPherson s'imaginait que ce premier cas serait suivi de beaucoup d'autres. Il voyait déjà le principe s'appliquant aux épileptiques, aux schizophrènes, aux retardés et aux aveugles. Tous les programmes étaient là, affichés sur le mur de son bureau, projetant sur les cinq ans à venir cette technologie. Et il prévoyait d'utiliser des ordinateurs de plus en plus compliqués pour les relier à l'organisme malade. Et finalement il entrevoyait d'adopter des projets comme la formule Q que Ross n'approuvait pas parce qu'elle lui paraissait aventureuse.

Mais aujourd'hui la question était de savoir quelle était celle des quarante électrodes qui empêcherait la crise de se produire. Et on ne pouvait la déterminer qu'expérimentalement.

Au cours de l'opération les électrodes avaient été placées avec précision, à quelques millimètres de la région intéressée. Mais étant donné la densité du cerveau, c'était évidemment approximatif. Dans le cerveau, une cellule nerveuse mesure environ un millième de millimètre, il y a donc mille cellules nerveuses sur une surface d'un millimètre carré.

Étant placées très approximativement, il fallait un grand nombre d'électrodes pour risquer d'en avoir une qui soit la bonne, c'est-à-dire qui évite la crise. Seuls des essais de stimulation pouvaient indiquer l'électrode qu'il fallait utiliser.

« Le malade arrive », dit Gerhard par le haut-parleur. Vêtu de son pyjama rayé bleu et blanc,

Benson apparut dans son fauteuil roulant. L'air bien éveillé, il salua Ross d'un geste raide. Il remuait difficilement le bras à cause de ses pansements.

« Comment allez-vous ? dit-il, en souriant.

— C'est à moi de vous poser la question.

— Ici, c'est moi qui poserai les questions », dit-il. Il souriait toujours mais on le sentait énervé. Pourquoi s'en étonnait-elle ? Il était effrayé, bien sûr, et tout le monde l'eût été à sa place. Elle-même n'était pas précisément calme.

L'infirmière toucha gentiment l'épaule de Benson, fit un signe de tête au docteur Ross et sortit. Ils étaient seuls.

Pendant un moment ils se regardèrent en silence. Elle voulait donner à Gerhard le temps de mettre au point sa caméra de télévision, installée au plafond, et de préparer le dispositif de stimulation.

« Que fait-on aujourd'hui ?

— Nous allons faire passer un courant dans vos électrodes, les unes après les autres, pour voir ce que cela donne.

— Bon », dit-il. Il paraissait prendre les choses calmement, mais elle avait appris à se méfier de sa tranquillité apparente.

« Est-ce que je souffrirai ?

— Non.

— Très bien, alors allez-y », dit-il.

Assis sur un haut tabouret dans la pièce voisine où, dans l'obscurité, brillaient d'une lumière verte des cadrans et des tabulateurs, Gerhard regardait par la vitre Ross et Benson qui commençaient à parler. Richards prit un microphone et dit : « Première série de stimulations : sur le malade Harold Benson. 11 mars 1971. »

Gerhard avait quatre écrans devant lui. L'un montrait les images de Benson qui seraient enregistrées au cours de la stimulation des électrodes. Un autre présentait l'image des quarante points des électrodes, disposés en deux rangées parallèles dans la substance cérébrale. Chaque électrode électrisée était signalée sur l'écran par un point lumineux.

Sur un troisième écran un oscillomètre traçait les pulsations du pouls. Enfin le quatrième donnait un schéma du petit ordinateur qui se trouvait dans le cou de Benson, indiquant, lui aussi, par des points lumineux, le trajet des stimulations à travers le circuit.

Dans la pièce contiguë Ross disait :

« Vous aurez toutes sortes de sensations dont certaines seront peut-être agréables. Il faudra nous dire ce que vous éprouvez. C'est d'accord ? »

Benson fit oui de la tête.

« Électrode I, cinq millivolts pour cinq secondes », dit Richards.

Gerhard poussa les boutons. Sur l'ordinateur un circuit montrait le courant qui serpentait à travers l'enchevêtrement électronique de l'appareil qui était placé sous l'épaule du malade. Ils surveillaient Benson par la vitre spéciale qui leur permettait de voir sans être vus.

« C'est intéressant, disait Benson.

— Quoi ?

— Cette sensation.

— Pouvez-vous la décrire ?

— Eh bien, c'est comme si je mangeais un sandwich au jambon.

— Vous aimez les sandwiches au jambon ?

— Pas spécialement, dit-il en haussant les épaules.

— Avez-vous faim ?

— Pas spécialement, non plus.

— D'autres sensations ?

— Non, juste ce goût de sandwich au jambon, avec du whisky », ajouta-t-il en riant.

Gerhard, au tableau de contrôle, approuvait. La première électrode avait stimulé une vague trace de la mémoire. Richards : « Deuxième électrode, cinq millivolts, cinq secondes ».

« Il faut que j'aille aux toilettes, dit Benson.

— Attendez, ça passera. »

« Troisième électrode, cinq millivolts, cinq secondes. »

Celle-ci fut sans aucun effet. Benson parlait tranquillement à Ross des toilettes des restaurants, des hôtels, des aéroports.

« Essayons encore, dit Gerhard, augmentons de cinq.

— Répétition de la troisième électrode, dix millivolts, cinq secondes », dit Richards. L'écran indiqua le circuit. La troisième électrode ne donnait toujours rien.

« Passons à la quatrième », dit Gerhard.

L'examen des quarante électrodes allait être long, mais passionnant. Elles provoquaient des effets différents, bien qu'elles fussent très proches les unes des autres, ce qui montrait à quel point la substance cérébrale est dense. On a dit que c'était la structure la plus compliquée du monde. Il y a trois fois plus de cellules dans le cerveau humain qu'il n'y a d'être sur la surface du globe. En entrant au service neuropsychiatrique Gerhard avait disséqué un cerveau humain. Il y avait passé plusieurs jours et avait étudié une douzaine de traités d'anatomie du système nerveux. Il utilisait l'instrument de dissection traditionnel. Soigneusement, patiemment, il avait gratté, scalpé et en fin de compte n'avait rien trouvé. Le cerveau n'est pas comme le foie ou les poumons. A l'œil nu, il est uniforme, et rien n'indique sa véritable fonction. Le cerveau est trop subtil, trop compliqué, trop dense.

« Quatrième électrode, dit Richards, cinq millivolts, cinq secondes. » La commotion s'était produite.

« Pouvez-vous m'apporter du lait et des biscuits, s'il vous plaît ? dit Benson, d'une petite voix bizarre et enfantine.

— Voilà qui est intéressant, fit Gerhard.

— Quel âge lui donnerait-on ? dit Richards.

— Cinq ou six ans au plus. »

Benson parlait à Ross de gâteaux, de son tricycle. Pendant quelques minutes il sembla faire un retour en arrière, vers son enfance, sa jeunesse, et retrouver finalement son état d'adulte. « J'avais toujours envie de gâteaux qu'elle me refusait, elle disait que ça me ferait du mal et que ça gâterait mes dents. »

« Continuons, dit Gerhard.

— Cinquième électrode, cinq millivolts, cinq secondes. »

Benson s'agitait dans son fauteuil roulant et paraissait mal à l'aise.

« Qu'est-ce qui ne va pas ? lui demanda Ross.

— Je me sens tout drôle, je ne puis vous expliquer. C'est comme du papier de verre ; très énervant. »

Gerhard inscrivit, avec cette électrode, possibilité de crise. Il arrivait parfois qu'une électrode provoquât une crise, nul ne savait pourquoi. Gerhard pensait même que l'on ne saurait jamais pourquoi et que le cerveau était trop compliqué pour qu'on comprenne son fonctionnement.

Les recherches qu'il avait faites pour des programmes comme George et Martha l'avaient amené à penser que des instructions relativement simples de l'ordinateur pouvaient produire des résultats imprévisibles de la machine. Il était vrai aussi que la machine programmée pouvait dépasser les capacités du programmateur. Cela fut prouvé en 1963. Lorsque Arthur Samuel d'I.B.M. programma un jeu de dames, la machine joua si bien qu'elle battit Samuel lui-même.

Et tout cela, avec des ordinateurs qui n'avaient pas plus de circuits qu'un cerveau de fourmi. Le cerveau humain était autrement compliqué et sa programmation s'étendait sur des dizaines d'années. Comme pouvait-on espérer le comprendre jamais ?

Il y avait aussi un problème philosophique. Le théorème de Goedel : aucun système ne s'explique, aucune machine ne comprend son propre fonctionnement. Gerhard pensait qu'après des années de travail on arriverait peut-être à déchiffrer un cerveau de grenouille, mais jamais un cerveau humain. Pour cela il faudrait une intelligence surhumaine.

Il croyait aussi qu'on fabriquerait un jour un ordinateur qui serait capable de démêler les milliards de cellules et les centaines de milliards d'interconnexions du cerveau humain. L'homme aura alors l'information qu'il aura longtemps cherchée, mais ce n'est pas lui qui l'aura trouvée ; ce sera un autre ordre d'intelligence et il ne saura pas comment aura travaillé l'ordinateur.

Morris entra avec une tasse de café. Il l'avala et donna un coup d'œil à Benson, par la vitre.

« Est-ce qu'il tient le coup ?

— Oui, très bien, fit Gerhard.

— Sixième électrode, cinq et cinq », psalmodia Richards.

Benson ne réagit pas. Il parlait à Ross de l'opération et de son mal de tête. Il était calme et apparemment indifférent. Ils firent passer le courant une seconde fois, sans plus de succès. Et ils continuèrent.

« Septième électrode, cinq et cinq. »

Le choc électrique se produisit. Benson se redressa brusquement.

« Oh ! dit-il, épatant ! Vous pouvez recommencer si vous voulez.

— Qu'est-ce que vous ressentez ?

— C'est épatant », dit Benson. Il paraissait transformé. « Vous êtes vraiment merveilleuse, docteur Ross.

— Merci.

— Et charmante. Je ne sais si je vous l'ai jamais dit.

— Ça va bien, dit Gerhard, en regardant par la vitre, très bien. »

Morris acquiesça.

« Il est nettement excité. »

Gerhard nota la réaction. Morris avala son café et ils attendirent que Benson soit apaisé. Puis Richards poursuivit :

« Huitième électrode, cinq millivolts, cinq secondes. »

La série des stimulations continua.

2

A midi, McPherson arriva. Personne ne fut surpris de le voir. A présent on était à un tournant irrévocable et tout ce qui précédait était relativement peu important. On avait implanté et relié ensemble des électrodes, un ordinateur et une pile. Mais rien ne fonctionnait tant que les contacts n'étaient pas établis. C'était un peu comparable à une automobile sans batterie.

Gerhard lui montra les notes prises au cours des stimulations.

« A cinq millivolts avec stimulus, nous avons trois terminales positives et deux négatives. Les positives sont, 7, 9 et 31. Les négatives, 5 et 32. »

McPherson donna un coup d'œil aux observations, puis à Benson par la vitre.

« Y a-t-il des positives qui soient de vraies positives ?

— Il y en a sept.

— Sont-elles fortes ?

— Assez fortes. Au moment du choc il a dit qu'il aimait ça et a commencé à s'exciter sexuellement et à faire des démonstrations à Janet.

— Est-ce que cela risque de le faire sombrer ?

— Je ne le pense pas, dit Gerhard. Sauf s'il

recevait de multiples stimulations en un court espace de temps. Il y avait ce Norvégien...

— Je ne pense pas qu'il y ait lieu de s'inquiéter pour cela, dit McPherson. Nous gardons Benson à l'hôpital ces jours-ci. Si quelque chose d'anormal survenait nous ferions passer le courant dans d'autres électrodes. Nous le surveillerons de près pendant quelque temps. Que s'est-il passé pour la neuvième ?

— Effet très faible.

— Comment a-t-il réagi ?

— Avec un peu plus de spontanéité et une tendance à sourire et à raconter des anecdotes plaisantes.

— Et la trente et unième ? continua McPherson, sans se laisser impressionner.

— Effet nettement tranquillisant. Calme, détendu, heureux. »

McPherson se frotta les mains.

« Je pense que ça marchera bien », dit-il. Il regarda Benson à travers la vitre : « Confrontez le malade avec la septième et la trente et unième. »

McPherson avait le sentiment de participer à un grand drame et à un événement médical historique Gerhard sauta du tabouret et se dirigea vers un ordinateur surmonté d'un écran de télévision. Il se mit à toucher les boutons et au bout d'un moment des lettres lumineuses apparurent.

Benson H.F.
Processus de confrontation
Electrodes 40
Voltage continu
durées continues
mouvements ondulatoires ; pulsations seulement.

Gerhard appuya sur un bouton et l'écran devint opaque ; puis une série de questions apparurent au sujet de l'électrode 31. Gerhard introduisit les réponses dans l'appareil.

« D'un côté, c'est amusant, dit McPherson à Morris, nous indiquons au petit ordinateur la façon dont il doit travailler : le petit ordinateur reçoit ses instructions du grand ordinateur qui reçoit les siennes de Gerhard, qui en possède un plus grand que tous les autres.

— Peut-être », dit Gerhard en riant.

L'écran s'illumina.

Paramètres de confrontation enregistrés. Prêt à programmer l'unité auxiliaire.

Morris soupira. Il espérait bien ne jamais se trouver dans le cas d'être considéré comme « l'unité auxiliaire » d'un ordinateur. Sur les autres écrans, on voyait le circuit interne du petit ordinateur, qui brillait par intermittences.

Benson a été confronté

Émission du dispositif d'implantation

Données de l'électro-encéphalogramme et feed-back ou rétroaction.

C'était tout. Morris était déçu, il avait espéré quelque chose de plus impressionnant. Gerhard utilisa un système de vérification dont le résultat fut négatif. Puis l'écran émit un message final.

Hôpital universitaire

L'ordinateur système 360 vous remercie de lui avoir adressé ce malade intéressant pour thérapie.

Gerhard souriait. Dans la pièce voisine, Benson parlait tranquillement avec Ross. Ni l'un ni l'autre n'avaient rien remarqué.

3

La série de stimulations terminée, Janet Ross se sentit profondément déprimée. Debout dans le corridor, elle regarda partir Benson dans son fauteuil roulant. Elle aperçut une dernière fois les bandages blancs autour de son cou. Puis il disparut.

Elle prit alors la direction opposée, le long des portes multicolores. Subitement elle pensa à la Ferrari jaune d'Arthur — élégante et merveilleuse et sans aucun rapport avec quoi que ce soit. Un jouet parfait. Elle aurait voulu être à Monte-Carlo, sortir de la Ferrari, vêtue de sa robe de Balenciaga, monter l'escalier du casino pour jouer, et n'avoir en tête rien de plus important que l'argent.

Elle consulta sa montre. Grands dieux ! Douze heures quinze seulement. Elle avait une demi-journée devant elle. C'était peut-être drôle d'être pédiatre ? On amuse les bébés, on leur donne des biberons et on conseille les mères. La vie ne doit pas être désagréable.

Elle pensa encore aux pansements de Benson et alla au laboratoire d'électronique. Elle eût voulu parler à Gerhard — seul — mais ils étaient tous là, McPherson, Morris, Ellis ; tous, dans la jubilation, se congratulaient en buvant du café.

On lui mit une tasse entre les mains et, très paternellement, McPherson la serra dans ses bras.

« Je crois que nous avons abandonné Benson à vos soins aujourd'hui, dit-il.

— Oui, en effet, et elle essaya de sourire.

— Je pense que vous y êtes habituée.

— Pas exactement », dit-elle.

La salle se fit plus silencieuse et perdit son air de fête, elle s'en voulut un peu, mais n'en était pas fâchée au fond. Qu'y avait-il d'amusant à exciter par une secousse électrique l'instinct sexuel d'un individu ? C'était intéressant au point de vue physiologique, effrayant et pathétique, mais pas drôle du tout. Pourquoi diable trouvaient-ils tous cela si drôle ?

Ellis sortit un flacon de cognac et versa l'alcool dans le café de Ross.

« Ça fait du café irlandais, dit-il, c'est bien meilleur. »

Elle approuva de la tête et chercha Gerhard.

« Buvez tout, buvez tout », disait Ellis.

Gerhard discutait avec Morris et ils avaient l'air très absorbés ; puis elle entendit Morris qui disait : « ... vous passerez le petit chat, s'il vous plaît ? » et ils éclatèrent de rire. Il s'agissait sans doute d'une plaisanterie.

« Comment trouvez-vous cela ? pas mauvais, n'est-ce pas ? dit Ellis.

— Très bon », fit-elle, et elle but une gorgée. Elle s'éloigna d'Ellis et de McPherson pour rejoindre Gerhard qui était seul ; Morris était allé remplir sa tasse.

« Écoute, dit-elle, je voudrais te parler une seconde.

— Bien sûr. » Gerhard se rapprocha d'elle. « De quoi s'agit-il ?

— Est-ce que tu peux faire une émission de contrôle pour Benson ici, sur l'ordinateur principal ?

— Tu veux dire contrôler l'implantation de l'ordinateur ?

— Oui. »

Gerhard fit un geste des épaules.

« Je pense que c'est possible, dit-il, mais à quoi bon ? Nous savons que le système implanté fonctionne.

— Je sais, je sais, dit-elle. Mais je t'en prie, fais-le, par précaution. »

Gerhard ne disait rien mais son expression trahissait sa pensée : précaution contre quoi ?

« Je t'en prie, dit-elle avec insistance.

— Entendu. Je ferai un sous-programme de contrôle aussitôt qu'ils partiront. Deux fois par heure l'ordinateur fera les vérifications sur le malade.

— Pourquoi pas toutes les dix minutes ? dit-elle.

— Très bien, toutes les dix minutes.

— Merci. » Elle vida sa tasse de café puis sortit de la salle.

4

Dans un coin de la chambre 710, Ellis observait la demi-douzaine de techniciens qui manœuvraient autour du lit. Deux d'entre eux procédaient au contrôle radioscopique, une laborantine faisait une prise de sang, on installait l'électro-encéphalogramme et Gerhard et Richards donnaient un dernier coup d'œil au système d'électrisation.

Au milieu de tout cela, Benson restait immobile, il respirait tranquillement et regardait en l'air. Il semblait ne pas faire attention à ces gens qui le touchaient, lui remuaient un bras, ou repoussaient le drap. Il avait les yeux fixés au plafond.

L'un des garçons de laboratoire avait des mains poilues qui sortaient des manches de sa blouse blanche. Il posa sa main sur les pansements de Benson. Cela rappelait à Ellis les singes qu'il opérait, mais là, il ne s'agissait que d'habileté technique, parce qu'on sait toujours — même si on fait semblant de le cacher —, on sait toujours que c'est un singe et non un être humain, et si la main glisse et que d'un coup de bistouri on coupe le singe d'une oreille à l'autre, ça n'a aucune importance. Il n'y aura pas de problèmes, pas de famille, pas d'hommes de loi, pas de journaux, pas même une protestation du service des commandes pour demander ce que sont devenus ces singes qui coûtent quatre-vingts dollars. Tout le monde s'en fiche et lui aussi. Secourir des singes est pour lui sans intérêt. Ce qu'il veut c'est soigner des êtres humains.

Benson remua et fit un signe à Ellis.

« Je suis fatigué, dit-il.

— Il est temps de vous en aller, les gars », dit Ellis.

Les techniciens rassemblèrent leurs instruments, les informations qu'ils avaient notées, saluèrent et quittèrent la chambre. Gerhard et Richards partirent les derniers et finalement Ellis resta seul avec Benson.

« Vous avez sommeil ? dit Ellis.

— J'ai l'impression d'être une machine, une automobile dans une station service — je suis en *réparation*. »

Benson était en colère. Quant à Ellis, il était préoccupé et tendu. Il fut tenté d'appeler les infirmiers pour retenir Benson s'il faisait une crise. Mais il resta assis.

« Tout ça, ce sont des histoires », dit Ellis.

Benson le foudroya du regard. Sa respiration était bruyante.

Ellis regarda les courbes du monitoring au-dessus du lit. Les mouvements du cerveau étaient irréguliers et annonçaient de grandes secousses.

Benson fronça le nez et renifla.

« Qu'est-ce que c'est que cette odeur... infecte ? » dit-il.

Au-dessus du lit une lumière rouge clignota : *Stimulation*. Un enchevêtrement de lignes blanches, les ondes du cerveau, tourbillonnèrent pendant cinq secondes sur l'écran. Les pupilles du malade se dilatèrent. Puis les lignes retrouvèrent un dessin régulier. Les pupilles reprirent leur aspect normal.

Benson se retourna pour contempler le soleil d'après-midi par la fenêtre.

« Vous savez, dit-il, aujourd'hui, c'est vraiment une belle journée, n'est-ce pas ? »

5

Ce soir-là, sans raison particulière, Janet Ross revint à l'hôpital à onze heures. Elle était allée au cinéma avec un interne en pathologie qui l'invitait depuis des mois, et finalement elle avait accepté. Ils avaient vu un film policier, il n'allait jamais voir autre chose. Elle avait compté jusqu'à cinq assassinats puis s'était lassée de les dénombrer. Dans l'obscurité elle avait vu sourire le jeune médecin. La réaction était classique — le pathologiste attiré par la violence et la mort — et elle avait pensé à d'autres cas fréquents en médecine : chirurgiens sadiques, pédiatres puérils, gynécologues misogynes. Et psychiatres cinglés.

Après, il l'avait ramenée à l'hôpital parce qu'elle y avait laissé sa propre voiture. Mais, au lieu de rentrer chez elle, elle était montée en neuropsychiatrie. Encore une fois, sans raison particulière.

Le service de neuropsychiatrie était désert, mais elle trouva Gerhard et Richards absorbés dans les enregistrements de l'ordinateur. C'est à peine s'ils remarquèrent qu'elle était entrée et prenait un café.

« Des difficultés ? » leur demanda-t-elle.

Gerhard se gratta la tête.

« Oui, avec cette Martha, dit-il. Pour commencer, George refuse d'être un saint, ensuite Martha devient gentille. Tout est détraqué.

— Tu as tes malades, Janet, et nous avons les nôtres, dit Richards en souriant.

— A propos de mon malade...

— Bien sûr », dit Gerhard. Il se leva et alla à la console de l'ordinateur. « Je me demandais pourquoi tu étais venue. Peut-être es-tu dans tes mauvais jours ?

— J'ai vu un mauvais film », dit-elle.

Gerhard poussa des boutons ; il sortit une liste de lettres et de chiffres. « Voilà toutes les vérifications depuis que j'ai commencé à une heure douze, cet après-midi. De dix minutes en dix minutes, les résultats de l'électro-encéphalogramme ont été contrôlés et normaux, en état de veille comme de sommeil. Le dernier a été fait à onze heures deux. »

Il lui remit la longue liste.

« Je ne tire aucune conclusion de tout cela, dit Ross, en plissant le front. Il semble qu'il passe par des alternatives de somnolence et de réveil et qu'il obéisse à deux stimulations... Mais n'y a-t-il pas un autre moyen d'investigation ? »

Pendant qu'elle parlait, l'ordinateur donna un nouveau résultat, qui s'ajoutait aux précédents : 11 h 12 : *électro-encéphalogramme normal*.

« Les gens ne savent pas utiliser les données de la machine », dit Gerhard, irrité et moqueur. Et c'était vrai. Les colonnes de chiffres ne leur disent rien, il faut qu'ils voient des dessins. D'autre part la machine distingue mal les différences du dessin. Il est difficile, par exemple, d'obtenir de la machine qu'elle ne mélange pas la lettre B et la lettre D alors qu'un enfant ne s'y trompe pas.

« Je te donnerai un graphique », dit Gerhard. Il

essuya l'écran, poussa des boutons et obtint un tableau quadrillé sur lequel apparaissaient des points lumineux.

« Zut ! dit-elle.

— Qu'y a-t-il ? lui demanda Gerhard.

— Les stimulations sont de plus en plus fréquentes : après une période calme, il a commencé par en avoir toutes les deux heures, maintenant c'est toutes les heures.

— Et alors ?

— Qu'en déduis-tu ? dit-elle.

— Rien de particulier.

— Pourtant, tu devrais y voir un phénomène très caractéristique, dit-elle. Nous savons, n'est-ce pas, que le cerveau de Benson et l'ordinateur ont une action réciproque ?

— Oui...

— Et cette interdépendance prendra une forme particulière, créera une habitude. C'est comme un gosse devant une boîte de bonbons. S'il reçoit une tape sur la main chaque fois qu'il attrape un bonbon, il s'y risquera de moins en moins souvent. C'est une incitation négative. Le gosse s'approche, mais la gifle lui fait mal, il se retire et renonce même aux bonbons. Tu es d'accord ?

— Oui, mais...

— Laisse-moi finir. Si le gosse est normal, ça se passe ainsi. Mais s'il est masochiste, ce sera différent. Il attrapera de plus en plus de bonbons parce qu'il aime être battu. Et l'incitation sera alors positive. Te souviens-tu de Cecil ?

— Non », dit Gerhard.

11 h 22. Stimulation

« Merde ! dit-elle.

— Qu'arrive-t-il ?

— Benson est en pleine progression positive, dit-elle.

— Je ne comprends pas.

— Exactement comme Cecil. Cecil fut le premier singe auquel on mit des électrodes et un ordinateur. C'était en 1965. L'ordinateur n'était pas miniaturisé, à l'époque, c'était un gros appareil. L'ordinateur détectait le début d'une crise et administrait un contre-choc pour la stopper. Les crises auraient dû devenir de moins en moins fréquentes, comme le geste du gamin qui veut des bonbons. Eh bien, c'est le contraire qui s'est produit. Cecil *aimait* les chocs et il s'est mis à faire des crises pour avoir ces chocs qui lui plaisaient.

— Et c'est ce que fait Benson ?

— Oui, je le crois.

— Écoute, Janet, tout cela est intéressant. Mais un individu ne peut pas provoquer ou arrêter une crise à volonté. Il n'en est pas maître. Les crises sont...

— Involontaires, acheva-t-elle. C'est vrai, on n'exerce pas plus de contrôle sur elles que sur les pulsations du cœur, sur la pression sanguine, ou tout autre mouvement involontaire. »

Il y eut un long silence.

« Tu vas me dire que j'ai tort », dit Gerhard.

Sur l'ordinateur les rayons lumineux annoncèrent : *11 h 32...*

« Je vais te dire, tu as manqué trop souvent les conférences, dit-elle. Sais-tu ce que c'est que l'instruction autonome ?

— Non.

— Ce fut le grand mystère pendant longtemps.

On croyait que l'on ne pouvait apprendre à contrôler que les actes volontaires ; qu'on pouvait apprendre à conduire une automobile mais non à faire baisser sa pression artérielle. Bien sûr, les yogis étaient censés être capables de réduire leur besoin d'oxygène et de ralentir les battements de leur cœur, d'inverser les mouvements péristaltiques et d'absorber des liquides par l'anus. Mais tout cela était du domaine de la fantaisie. »

Gerhard hochait la tête avec méfiance.

« Eh bien, aujourd'hui on constate que c'est parfaitement possible. On peut apprendre à un rat à rougir d'une oreille (la gauche ou la droite, au choix), à diminuer ou à élever sa tension artérielle ou les battements de son cœur. Et on obtient les mêmes résultats sur les êtres humains.

— Comment ? » Il posa cette question avec une réelle curiosité.

« Eh bien, pour ceux qui ont une tension élevée, par exemple, on les met dans une pièce, avec un appareil de mesure au bras. Quand la tension baisse, il y a un coup de sonnette et on recommande au malade d'essayer de faire retentir la sonnette le plus souvent possible. Et il apprend peu à peu à la faire tinter. Au bout de quelques heures, la sonnerie est beaucoup plus fréquente qu'au début. »

Gerhard se gratta la tête.

« Et tu penses que Benson fait de plus en plus de crises pour avoir le plaisir de recevoir des chocs électriques ?

— Oui.

— Après tout, pourquoi y attacher de l'importance ? Il ne peut pas avoir de véritables crises puisque l'ordinateur est là pour s'y opposer.

— C'est faux, dit-elle. Il y a deux ans, on a muni

un schizophrène norvégien d'une pile qui lui permettait de stimuler tant qu'il voulait ses terminaisons nerveuses du plaisir et il en a fait un tel abus qu'il a eu des convulsions. »

Richards, qui pendant ce temps surveillait l'ordinateur, dit brusquement :

« Il y a quelque chose qui ne va plus.

— Qu'est-ce ?

— Il n'y a plus aucune émission. »

L'écran indiquait :

11 h 32...

11 h 42...

« Tâche de trouver un ordinateur qui nous donne une extrapolation de ce tracé, dit-elle, pour voir s'il entre vraiment dans un cycle d'instruction. » Elle se dirigea vers la porte. « Je vais voir ce que devient Benson. »

VENDREDI 12 MARS 1971

Crise

1

Le septième étage (chirurgie spéciale) était silencieux ; deux infirmières étaient à leur poste. L'une inscrivait des observations sur un malade, l'autre lisait une revue de cinéma en mangeant des bonbons. Elles ne prêtèrent pas grande attention à Ross quand elle alla prendre le dossier de Benson pour le vérifier.

Elle tenait à s'assurer qu'on lui avait administré tous ses médicaments et fut très étonnée de constater qu'on avait commis un oubli.

« Pourquoi Benson n'a-t-il pas eu sa thorazine ? demanda-t-elle.

— Benson ? » Les infirmières levèrent la tête, l'air surpris.

« Le malade du 710. » Elle regarda sa montre, il était plus de minuit. « Il devrait être sous thorazine depuis midi, il y a douze heures de cela.

— Excusez-moi... puis-je voir le dossier ? » dit l'une des infirmières. Ross le lui tendit et la regarda examiner la page des prescriptions. L'ordre donné par McPherson avait été souligné en rouge avec une mystérieuse annotation : appel.

Ross pensait que sans de fortes doses de thorazine la mentalité psychotique de Benson, n'ayant plus de frein, pouvait devenir dangereuse.

« Ah ! oui, fit l'infirmière. Maintenant je me rappelle. Le docteur Morris nous a dit de ne tenir compte que de ses propres ordonnances ou de celles du docteur Ross. Nous ne connaissons pas ce docteur McPhee et nous attendions qu'il nous confirme le traitement.

— Le docteur *McPherson*, corrigea Ross, est le médecin-chef du service de neuropsychiatrie.

— Comment pouvons-nous le savoir ! bougonna l'infirmière. On ne peut pas lire la signature — nous pensions que c'était celle du docteur McPhee qui est gynécologue ici à l'hôpital. Les médecins se trompent parfois de dossier...

— C'est bien, dit Ross, c'est bien. Donnez-lui la thorazine tout de suite, s'il vous plaît.

— Immédiatement, docteur. » Elle lui jeta un regard mauvais et alla au placard de pharmacie. Ross suivit le corridor pour aller à la chambre 710.

Le flic était devant la porte, sa chaise adossée au mur. Il lisait *Secrètes Idylles* avec beaucoup d'intérêt. Sans l'interroger, elle savait où il s'était procuré cette revue : voyant qu'il s'ennuyait, une des infirmières la lui avait certainement apportée. Il fumait une cigarette et jetait les cendres sur le parquet.

Il leva la tête quand elle arriva.

« Bonsoir, docteur.

— Bonsoir. » Elle réprima l'envie qu'elle avait de lui reprocher sa tenue peu correcte. Mais les flics ne dépendaient pas d'elle et, d'autre part, elle était énervée par les infirmières.

« Tout est calme ? demanda-t-elle.

— Ma foi, oui, c'est calme. »

Dans la chambre 710, elle entendait la télévision, des rires et des conversations. Quelqu'un disait : « ... et alors qu'avez-vous fait ? » et l'on s'esclaffait. Elle ouvrit la porte.

La chambre n'était éclairée que par les lueurs de la télévision. Benson s'était probablement endormi. Il tournait le dos à la porte et les draps recouvraient ses épaules. Elle ferma la télévision et se dirigea vers le lit.

« Harry, dit-elle doucement, Harry... »

Elle s'arrêta brusquement. Sous sa main la jambe était molle et informe, elle se gonflait anormalement quand elle appuyait dessus. Elle alluma la lampe de chevet qui répandit à flots la lumière et elle tira les draps.

Benson était parti. A sa place il y avait trois sacs de plastique comme ceux qu'on place dans les corbeilles à papier de l'hôpital. Ils avaient été gonflés puis attachés solidement. Une serviette bourrée de coton représentait la tête de Benson, une autre, son bras.

« Inspecteur, dit-elle, vous ne feriez pas mal de venir ici. »

Le flic se précipita, la main sur son revolver. Ross lui montra le lit.

« Merde ! dit-il. Qu'est-ce qui est arrivé ?

— Je vous le demande. »

Il fila au cabinet de toilette, il était vide. Il ouvrit le placard :

« Ses vêtements sont toujours là, dit-il.

— Quand avez-vous regardé dans la chambre pour la dernière fois ?

— Mais ses chaussures ont disparu », ajouta le flic, qui fouillait le placard. Complètement affolé, il se tourna vers Ross.

« Où est-il ?

— Quand avez-vous regardé dans la chambre pour la dernière fois ? » répéta-t-elle. Elle sonna pour appeler l'infirmière de nuit.

« Il y a environ vingt minutes. »

Ross alla à la fenêtre, elle était ouverte, mais il y avait une hauteur de sept étages à franchir pour atterrir sur le parking qui était au-dessous.

« Pendant combien de temps vous êtes-vous absenté ?

— Écoutez, docteur, pas plus de quelques minutes.

— Mais combien de temps ?

— Je n'avais plus de cigarettes. Il n'y en a pas à l'hôpital, et j'ai dû aller au café d'en face, dans la rue. Cela m'a pris environ trois minutes, vers onze heures et demie. Les infirmières m'ont dit qu'elles surveilleraient. »

Ross regarda dans la table de chevet. Son rasoir, son portefeuille, la clef de sa voiture, tout était là.

L'infirmière passa sa tête dans l'embrasure de la porte.

« Vous m'avez appelée, qu'y a-t-il ?

— Il nous manque un malade, dit Ross.

— Excusez-moi, je ne comprends pas ce que vous voulez dire. »

D'un geste, Ross indiqua les sacs de plastique qui étaient sur le lit. L'infirmière mit quelque temps à comprendre, puis devint très pâle.

« Appelez le docteur Ellis, dit Ross, et le docteur McPherson, et le docteur Morris. Ils sont certainement chez eux, demandez la communication au standard. Dites-leur qu'il y a urgence, que Benson est parti. Ensuite, demandez le service de sécurité de l'hôpital. Vous comprenez ?

— Oui, docteur », dit l'infirmière en se hâtant de quitter la chambre.

Ross s'assit sur le bord du lit et examina le flic.

« Où a-t-il trouvé ces sacs ? » dit le flic.

Elle avait déjà découvert l'explication : l'un dans la corbeille qui était près de son lit, un autre dans celle qui était à la porte et le troisième dans celle de la salle de bains où il avait pris aussi deux serviettes.

« Astucieux, fit le policier, mais il ne peut aller loin, il a laissé ses vêtements », et il montra le placard.

« Il a pris ses chaussures.

— Un homme en pyjama et couvert de pansements ne peut aller loin, même s'il a des chaussures. Je ferais bien de signaler ça.

— Benson a-t-il téléphoné ?

— Ce soir ?

— Non, le mois dernier !

— Écoutez ma petite dame, je n'ai pas besoin que vous vous payiez ma tête en ce moment. »

Il était très jeune — une vingtaine d'années — et elle comprit qu'il avait peur. Il était tendu et se demandait ce qui allait arriver. « Je vous ai taquiné, excusez-moi, dit-elle.

— Il a passé une communication, dit le flic, vers onze heures.

— Avez-vous écouté ?

— Non. Vous savez, je ne pouvais pas imaginer...

— Donc il a téléphoné à onze heures et il a filé à onze heures et demie. »

Elle alla dans le corridor au bout duquel se trouvait le poste des infirmières, où il y avait toujours quelqu'un. Il était possible qu'il soit passé par là pour aller à l'ascenseur.

Qu'avait-il pu faire ?

A l'autre extrémité du couloir, il y avait un escalier, mais, faible comme il l'était, aurait-il pu descendre sept étages ? Et arrivé en bas, en pyjama et la tête bandée, le bureau de la réception l'aurait arrêté.

« Je ne comprends pas, dit le flic. Par où a-t-il bien pu partir ?

— C'est un type extrêmement intelligent », dit Ross. Or, tout le monde semblait oublier ce fait. Pour les policiers Benson était un criminel qui s'était livré à des voies de fait, comme ils en voyaient des centaines tous les jours. Pour l'hôpital, c'était un homme malade, malheureux, dangereux, atteint de psychose. On oubliait que c'était aussi un type brillant qui avait fait des travaux remarquables dans le domaine de l'électronique et des ordinateurs en particulier. Le premier test psychologique auquel il avait été soumis au service neuropsychiatrique avait donné un quotient intellectuel très élevé : 144. Il est parfaitement capable d'avoir préparé sa fuite. Ayant entendu le flic et l'infirmière parler de cigarettes il aura levé le camp en l'espace de quelques minutes. Mais par quel moyen ?

Benson devait savoir qu'il ne pourrait jamais quitter l'hôpital vêtu de son pyjama. Ses habits étaient restés dans sa chambre, d'ailleurs à minuit, en civil, il se serait fait arrêter à la sortie. Les heures de visite avaient pris fin à neuf heures.

Que diable avait-il bien pu faire ?

Le flic alla au poste des infirmiers pour téléphoner son rapport. Ross le suivit et fit des investigations dans les chambres. La chambre 709 était occupée par un grand brûlé. La 708 était vide, un greffé du rein était parti cet après-midi-là.

La porte suivante était marquée d'une pancarte : approvisionnements et fournitures. On y mettait compresses, bandages, trousses de suture, linge. Elle passa en revue les bouteilles de solution intraveineuse et les différents instruments, les masques stériles, les blouses d'infirmières et d'infirmiers.

Elle s'arrêta brusquement devant un pyjama bleu et blanc roulé en chiffon sur une étagère à côté de piles bien rangées de blouses et de vestes blanches.

Elle appela l'infirmière.

« C'est impossible, disait Ellis, en faisant les cent pas dans le bureau des infirmières. Absolument impossible. Il a été opéré il y a trente-six heures. Il est impossible qu'il soit parti.

— Pourtant il n'est plus là, et il est parti avec le seul costume qui lui permettait de passer inaperçu puisqu'il a pris un uniforme d'infirmier. Il est probablement descendu au sixième étage pour y prendre un ascenseur. Les infirmiers circulant à toute heure de la nuit, on ne l'aura pas remarqué. »

Ellis était en smoking et chemise blanche à plis, sa cravate desserrée, il fumait une cigarette. C'était la première fois qu'elle le voyait fumer.

« Non, je ne peux pas avaler cette histoire, dit-il. Il était complètement abruti par la thorazine et...

— La thorazine, il ne l'a jamais eue, dit Ross.

— Quoi ?

— La thorazine, qu'est-ce que c'est ? dit le policier.

— L'ordonnance contenait un point d'interrogation et les infirmières n'ont pas administré le barbiturique. Il n'a donc eu ni calmants ni tranquillisants depuis la nuit dernière à minuit.

— Bon Dieu ! » dit Ellis. Il jeta un regard foudroyant aux infirmières. « Mais avec sa tête bandée, il aura attiré l'attention.

— Il avait une perruque, fit Morris qui, assis dans un coin, n'avait encore rien dit.

— Quelle blague !

— Je l'ai vue, dit Morris.

— De quelle couleur était la perruque ? dit le flic.

— Noire, dit Morris.

— Comment a-t-il eu cette perruque ? demanda Ross.

— Par une amie qui la lui a apportée, le jour de son entrée à l'hôpital, dit Morris.

— Voyons, réfléchissez, dit Ellis, même avec une perruque où voulez-vous qu'il aille ? Il a laissé son portefeuille et son argent. Et à cette heure-là, il n'y a pas de taxis. »

Elle admirait cette faculté qu'avait Ellis de nier la réalité. Avec une obstination aveugle, il se refusait à croire au départ de Benson.

« Il a téléphoné à quelqu'un vers onze heures », dit Ross, et s'adressant à Morris : « Vous rappelez-vous qui a apporté la perruque ?

— Une jolie fille, dit-il.

— Vous rappelez-vous son nom ? demanda Ross, d'un air légèrement sarcastique.

— Angela Black, dit rapidement Morris.

— Essayez de la trouver dans l'annuaire du téléphone », dit Ross. Morris se mit à chercher et le téléphone sonna. Ellis répondit, puis tendit l'écouteur à Ross.

« Oui, dit-elle.

— J'ai la projection de l'ordinateur, dit Gerhard. Tu avais raison pour Benson, il est entré dans un cycle d'instruction avec l'ordinateur. Ses points de stimulation correspondent exactement à la courbe projetée.

— C'est merveilleux », dit Ross. Elle lança un clin d'œil à Morris et au flic.

« C'est exactement ce que tu avais dit, dit Gerhard, Benson aime les chocs électriques. Il fait des crises de plus en plus fréquentes. La courbe monte en flèche.

— Quand chavirera-t-il ?

— Dans peu de temps, dit Gerhard. Au train où il est parti, il aura des stimulations à peu près continues à six heures quatre.

— Tu as une projection qui le confirme ? » demanda-t-elle, inquiète. Elle regarda sa montre, il était minuit trente.

« Oui, les stimulations continues commenceront inéluctablement à six heures quatre, ce matin.

— Bien, dit Ross, qui raccrocha. Benson fait une progression continue avec son ordinateur. Il éclatera à six heures ce matin.

— Bon Dieu ! dit Ellis en regardant la pendule qui était au mur, dans moins de six heures. »

Morris avait mis les annuaires de côté et parlait avec le service de renseignements : « Alors essayez West Los Angeles... ou cherchez aux nouveaux abonnés. »

Le policier cessa de prendre des notes et dit :

« Va-t-il arriver quelque chose à six heures du matin ?

— Nous le pensons », dit Ross.

Ellis continuait à tirer sur sa cigarette.

« Deux ans, dit-il, et me voilà au même point. McPherson a-t-il été prévenu ?

— On lui a téléphoné.

— Cherchez les numéros non inscrits, dit Morris. Ici docteur Morris de l'hôpital universitaire. C'est urgent. Il faut retrouver Angela Black. Et si... » Furieux, il raccrocha brutalement l'appareil. « La garce, dit-il.

— Pas de succès ? »

Il fit non de la tête.

« Nous ne savons même pas si Benson a téléphoné à cette fille ; il a peut-être appelé quelqu'un d'autre, dit Ellis.

— Celui ou celle qu'il a appelé pourra se trouver 'ici quelques heures dans une situation plus que critique », dit Ross. Elle ouvrit nerveusement le dossier de Benson. « La nuit s'annonce bien. Nous n'avons pas une minute à perdre. »

2

L'autoroute était encombrée, elle l'était toujours le vendredi, même à une heure du matin. Janet Ross avait devant elle la file rouge des feux arrière, qui s'étendait sur des kilomètres, comme un serpent en colère. Où allait donc tout ce monde ?

Généralement elle aimait les autoroutes. Il lui arrivait parfois de quitter l'hôpital en pleine nuit pour rentrer chez elle. Au milieu des feux verts, clignotant au-dessus de sa tête, de l'enchevêtrement des embranchements et des voies souterraines, enivrée par cette vitesse anonyme, elle éprouvait une impression merveilleuse de liberté et d'exaltation. Elle avait été élevée en Californie et se rappelait les premières autoroutes dont le réseau s'était développé en même temps qu'elle grandissait, si bien qu'elle ne les redoutait ni ne les critiquait. Elles faisaient partie du paysage. C'était amusant et c'était rapide.

A Los Angeles, où plus que partout ailleurs règne la technologie, l'automobile a une importance primordiale. Sans automobile la ville cesserait d'exister de même qu'elle cesserait d'exister sans les centaines de kilomètres de canalisations qui lui apportent l'eau, et sans certaines techniques de construction. Ce fait est réel depuis le début du siècle.

Mais Ross percevait depuis quelque temps les subtils effets psychologiques qui se font sentir sur ceux qui passent leur vie en automobile. A Los Angeles il n'y a pas de terrasses de café, parce qu'il n'y a pas de piétons. La terrasse de café où l'on regarde les gens qui passent n'est pas immobile. Elle change avec les feux de la circulation, les gens s'arrêtent aux stops, se dévisagent brièvement, puis repartent. Il y a quelque chose d'inhumain à vivre isolé dans un cocon de verre et d'acier chromé qui est équipé d'un magnétophone stéréophonique et de l'air conditionné. C'est contraire au besoin profond de l'être humain qui est de se réunir avec d'autres, de voir et d'être vu.

Les psychiatres de la ville ont constaté un syndrome de dépersonnalisation particulier au pays. Los Angeles est une ville d'émigrants récents, c'est-à-dire d'étrangers. La voiture est responsable de ce qu'ils demeurent étrangers les uns aux autres, et ils ont peu d'occasions, par ailleurs, de se rassembler. Personne ne va à l'église et les groupes de travail sont peu solidaires. Les gens deviennent solitaires, se plaignent d'être sans amis et éloignés de leur famille. Un grand nombre d'entre eux sont suicidaires et l'automobile est couramment employée par ceux qui veulent mettre fin à leur vie. La police désigne ce genre de suicide par un euphémisme : accidents simples. On double et à 150 à l'heure, le pied sur l'accélérateur. Il faut parfois des heures pour dégager le corps.

A cent kilomètres à l'heure, elle traversa les cinq voies, et quitta l'autoroute à Sunset pour se diriger vers Hollywood Hills, à travers une région qu'on appelle Swish Alps[1] parce que c'est un repaire

1. Swish — type d'homosexuel extrêmement efféminé (N.d.T.).

d'homosexuels. Los Angeles attire ceux qui ont des problèmes. La ville offre la liberté mais au prix d'un isolement total.

Elle arriva à Laurel Canyon et prit les tournants en vitesse, pneus grinçants, phares bringuebalant dans l'obscurité. Ici, peu de circulation, en quelques minutes elle atteindrait la maison de Benson.

En principe le problème était simple, pour elle et pour l'équipe de neuropsychiatrie : ramener Benson avant six heures. A l'hôpital, on débrancherait son ordinateur et on stopperait les séries de progression. On pourrait ensuite le calmer et attendre quelques jours pour le relier à de nouvelles terminaisons nerveuses. Les électrodes avaient été certainement mal choisies la première fois, c'était un risque prévu à l'avance et acceptable parce qu'on pensait pouvoir corriger les erreurs, ce qui n'était plus possible maintenant. Il fallait à tout prix le ramener. Problème simple et solution relativement simple : aller à la recherche de Benson dans les lieux qu'il avait l'habitude de fréquenter. Après avoir consulté son dossier, ils étaient tous partis dans des directions différentes. Ross allait à sa maison de Laurel. Ellis dans une boîte appelée Jackrabbit Club. Morris à la société Autotronics, à Santa-Monica, où Benson était employé. Morris avait téléphoné au président de la firme qui ouvrirait les bureaux pour lui.

Ils devaient se retrouver une heure plus tard pour comparer les résultats de leurs recherches. Le plan d'action était simple mais Janet Ross doutait de la réussite. Pourtant que pouvait-on faire d'autre ?

Elle gara sa voiture devant la maison de Benson et traversa l'allée d'ardoise qui conduisait à la porte d'entrée. Elle était entrouverte ; des rires et des gloussements retentissaient à l'intérieur. Elle frappa.

« Hello ! »

Personne ne semblait l'entendre. Les rires partaient du fond de la maison. Elle entra dans le vestibule. Elle aurait deviné que la maison de Benson ressemblait à cela.

De l'extérieur c'était un bâtiment banal, style ranch, aussi modeste d'aspect que Benson lui-même. Mais l'intérieur ressemblait aux salons de Louis XVI avec de gracieux fauteuils anciens, des tapisseries aux murs, des parquets cirés.

Elle appela. « Y a-t-il quelqu'un ? » Sa voix résonna à travers la maison. Personne ne répondit mais elle entendait toujours des rires. Elle avança et arriva à la cuisine : une vieille cuisinière à gaz, pas de four, pas de machine à laver la vaisselle, pas de mixeur électrique. Elle remarqua qu'il n'y avait aucune machine. Benson s'était construit un univers sans aucun appareil moderne.

La fenêtre de la cuisine donnait derrière la maison sur une petite pelouse et une piscine. Un éclairage subaquatique inondait la cour d'une lumière verdâtre. Deux filles étaient en train de se baigner, elles s'ébattaient, s'éclaboussaient et riaient. Ross alla dehors.

Sans s'apercevoir de sa présence, les filles continuaient de s'amuser.

« Y a-t-il quelqu'un ici ? » Alors seulement elles firent attention à Ross :

« Vous cherchez Harry ? dit l'une d'elles.

— Oui.

— Vous êtes de la police ?

— Je suis médecin. »

Une des filles sortit de l'eau avec agilité et commença à s'essuyer. Elle avait un minuscule bikini rouge.

« Vous l'avez manqué de peu, dit-elle. Mais il

nous a recommandé de ne rien dire aux flics. » Elle mit une jambe sur une chaise pour la sécher avec une serviette. Ross comprit ce que ce mouvement avait de calculé, d'aguichant à son égard.

« Quand est-il parti ?

— Il y a quelques minutes seulement.

— Vous êtes ici depuis combien de temps ?

— Depuis une semaine environ, dit la fille, qui était dans la piscine. Harry nous a invitées à rester. Il trouve qu'on est chou.

— Nous l'avons connu au Jackrabbit. Il y va beaucoup. Il est très drôle, un vrai boute-en-train. Et savez-vous comment il était fringué ce soir ? Il portait un uniforme d'hôpital, tout blanc. Quel accoutrement !

— Vous lui avez parlé ?

— Bien sûr.

— Qu'a-t-il dit ? »

La fille au bikini rouge rentra dans la maison. Ross la suivit.

« Il a recommandé de ne rien dire au flics et de bien nous amuser.

— Pourquoi est-il venu ?

— Pour chercher des choses.

— Quelles choses ?

— Qui étaient dans son bureau.

— Où est son bureau ?

— Je vais vous le montrer. »

Elle lui fit traverser le salon. Ses pieds mouillés laissaient des traces d'eau sur le parquet ciré.

« Cet endroit est bizarre. Harry est vraiment toqué ? L'avez-vous jamais entendu parler ?

— Oui.

— Alors vous savez. Il est complètement cinglé. Pourquoi voulez-vous le voir ?

— Il est malade, dit Ross.

— Il doit l'être, dit la fille. J'ai vu tous ces pansements. A-t-il eu un accident ?

— Il a été opéré.

— Sans blague. Dans un hôpital ?

— Oui.

— Sans blague ! »

Elles traversèrent le salon puis un corridor. La fille tourna à droite dans une pièce qui était son bureau. Une table ancienne, une lampe ancienne, des canapés capitonnés.

« Il est entré ici et il a pris des trucs.

— Avez-vous vu ce qu'il prenait ?

— Nous n'avons pas fait bien attention. Il a pris de grands rouleaux de papier, très grands ; ça ressemblait à de grands dessins, à des photocopies... enfin c'était bleu à l'intérieur du rouleau et blanc à l'extérieur.

— A-t-il pris autre chose ?

— Oui, une boîte de métal.

— Quel genre de boîte ? » Ross pensait à une petite valise.

« Cela ressemblait un peu à une trousse à outils. Il l'a ouverte puis refermée. Il m'a semblé voir des outils.

— Avez-vous remarqué quelque chose de particulier ? »

La fille se mordit les lèvres et attendit pour répondre.

« Vous savez, je n'ai pas bien vu, mais... il m'a semblé qu'il y avait un revolver là-dedans.

— A-t-il dit où il allait ?

— Non.

— Il n'a pas donné d'indication ?

— Non.

— A-t-il dit qu'il allait revenir ?

— Eh bien, ça, c'était drôle, dit la fille. Il m'a embrassée, il a embrassé Suzie et nous a dit de bien nous amuser et surtout de ne pas parler aux flics. Et il a ajouté qu'il ne pensait pas qu'il nous reverrait. » Elle hochait la tête. « C'était drôle, mais vous connaissez Harry, vous savez comment il est.

— Oui, dit Ross, je connais Harry. »

Elle regarda sa montre. Il était une heure quarante-sept. Il ne restait que quatre heures.

3

Une odeur chaude, moite, fétide, une affreuse odeur animale, c'est la première chose qu'Ellis remarqua. Il fronça le nez de dégoût. Comment Benson pouvait-il supporter un endroit pareil ?

Il regarda le projecteur qui se balançait dans l'obscurité et qui se posa sur deux longues cuisses fuselées. Le public attendait et commençait à s'agiter. Cela rappela à Ellis son temps de service dans la marine, en poste à Baltimore. Depuis lors, il n'avait jamais remis les pieds dans une boîte de ce genre, où le spectacle à la fois attirant et décevant vous englue. Il y avait de cela longtemps. Le temps avait passé.

« Oui, mesdames et messieurs, l'incroyable, la ravissante *Cyn*thia *Sin*cere. Applaudissez la ravissante *Cyn*thia ! »

Sous le feu des projecteurs apparut une fille assez laide mais spectaculairement charpentée. Elle cligna des yeux et se mit à danser bizarrement. Elle ne suivait pas la musique, mais personne n'y faisait attention. Elle examina l'assistance. Beaucoup d'hommes et beaucoup de filles aux cheveux courts, à l'air fruste et vulgaire.

« Harry Benson ? dit le patron qui était à côté de lui. Oui, il vient souvent.

— L'avez-vous vu récemment ?

— Récemment... je ne sais pas. » Le patron toussa et Ellis sentit une haleine d'alcoolique. « Je vous dirai que je ne tiens pas à ce qu'il vienne beaucoup rôder ici. Je le crois timbré. Et il est toujours après les filles. On risque des histoires et des crimes. »

Ellis fit un signe approbateur et examina le public. Benson avait certainement changé de vêtements, il n'aurait pu venir ici en blouse d'infirmier. Il parcourut du regard toutes les têtes, de la racine des cheveux au cou, cherchant un bandage blanc. Il n'en vit pas.

« Mais vous ne l'avez pas vu récemment ?

— Non, fit le patron. Pas depuis une semaine. » Une serveuse passa, en bikini de lapin blanc. « Sal, as-tu vu Harry dernièrement ?

— Il est généralement par ici, dit-elle vaguement, et disparut avec son plateau de verres.

— Je voudrais bien qu'il ne vienne pas traîner et embêter les filles », dit le patron qui toussa à nouveau.

Ellis avança dans la salle. Le projecteur se balançait dans l'air enfumé et suivait les mouvements de la fille qui était sur la scène. Elle n'arrivait pas à décrocher son soutien-gorge, esquissa un pas de deux, les mains derrière le dos, les yeux dans le vide. En la voyant Ellis comprit pourquoi Benson comparait les strip-teaseuses à des machines. A n'en pas douter elles ont quelque chose d'automatique et d'artificiel. Quand le soutien-gorge tomba, il vit l'incision en forme d'U, entre les deux seins, où la matière plastique avait été insérée.

« Jaglon adorerait cela », se dit Ellis. Cela correspondrait exactement à ses théories sur le « sexe-machine ». Jaglon était un des garçons du service des applications thérapeutiques, qui s'intéressait aux rapports réciproques de l'intelligence artificielle et de l'intelligence humaine. Il estimait d'une part que la chirurgie esthétique et les implantations donnaient à l'être humain un caractère mécanique et d'autre part que les robots rendaient les machines plus humaines. Le temps était proche où les êtres humains auraient des rapports sexuels avec des robots « humanoïdes ».

« Après tout, cela existe peut-être déjà », se disait Ellis en regardant la strip-teaseuse. Il lança un dernier coup d'œil sur le public pour s'assurer que Benson n'était pas là. Puis il fit un tour d'exploration dans la cabine du téléphone et dans les toilettes des hommes.

L'endroit empestait le vomi. Il fit la grimace et se regarda dans la glace fendue qui était au-dessus du lavabo. On pouvait vraiment dire que le Jackrabbit Club — toutes autres choses mises à part — prenait d'assaut votre appareil olfactif.

Il retourna dans la salle et se dirigea vers la sortie.

« Vous l'avez trouvé ? » dit le patron.

Ellis fit non de la tête et partit. Dehors, il respira l'air frais et pur de la nuit, et monta dans sa voiture. Cette question des odeurs l'intriguait depuis longtemps, mais il ne l'avait jamais résolue.

Il avait opéré Benson sur une région particulière du cerveau — le système limbique — qui, au point de vue de l'évolution, est une partie très ancienne du cerveau et le siège des sensations olfactives — on l'appelait autrefois le rhinencéphale.

Le rhinencéphale s'est développé depuis cent cinquante millions d'années, à l'époque où les reptiles dominaient le globe. Il commandait les sensations les plus primitives — la colère et la peur, la faim et le désir sexuel. Les reptiles, comme les crocodiles, n'avaient rien d'autre pour se diriger. L'homme, lui, possède le cortex.

Mais la substance corticale est une acquisition relativement récente. Elle a fait son apparition il y a deux millions d'années seulement. Le cortex, tel qu'il existe aujourd'hui, n'a que cent mille ans d'âge. Il s'est développé autour du rhinencéphale, qui reste sans changement, encastré dans le nouveau cortex. Pour le cortex qui ressent l'amour, qui connaît la morale, la poésie, il est difficile de rester en paix avec le cerveau du crocodile. Parfois, et c'était le cas de Benson, la paix est rompue et le cerveau du crocodile prend le dessus par intermittence.

Quel rapport ont donc les odeurs avec tout cela ? Bien sûr, les crises commençaient par d'étranges sensations olfactives. Mais y a-t-il autre chose ? et d'autres effets ?

Il l'ignorait, mais au volant de sa voiture il se dit, qu'après tout, cela n'avait pas beaucoup d'importance. L'essentiel était de trouver Benson avant que son cerveau de crocodile ne l'emporte. C'était arrivé, un jour, à l'hôpital. Ellis avait assisté à la scène, derrière une vitre. Benson était dans un état tout à fait normal, quand tout à coup il s'était déchaîné, s'était rué contre le mur, en cognant, et il avait attrapé une chaise qu'il avait mise en miettes. La crise s'était produite sans aucun signe avant-coureur et déroulée dans une absence totale de méchanceté préméditée.

« Jusqu'à six heures du matin, nous n'avons pas beaucoup de temps », se dit-il.

4

« Que se passe-t-il ? Est-ce un cas urgent ? demanda Farley en tournant la clef de la porte de l'Autotronics.

— Vous pouvez le dire », dit Morris qui attendait dehors en frissonnant. La nuit était froide et il était là depuis une demi-heure.

Farley était grand et mince et n'avait pas les mouvements rapides. Peut-être avait-il sommeil. Pour ouvrir les bureaux et faire entrer Morris — il n'en finissait pas. Il alluma l'électricité dans une antichambre tout à fait banale puis il alla au fond du bâtiment.

L'arrière de l'Autotronics formait une seule pièce qui ressemblait à une caverne. Des bureaux étaient disséminés çà et là autour d'appareils énormes et brillants. Morris avait un air renfrogné.

« Vous trouvez que c'est en désordre ?

— Non, je...

— Eh bien, oui. Mais le travail se fait, je vous en donne ma parole. » Il fit un geste de la main : « Ça, c'est le bureau de Harry, près de Hap. »

Farley montra une grande construction de métal qui ressemblait à une araignée. « Hap, dit-il, est l'abréviation de *Hopelessly Automatic Ping-Pong Player*. Nous avons nos petites plaisanteries ici. »

Morris tourna autour de la machine :

« Elle joue au ping-pong ? dit-il.

— Pas bien. Mais nous y travaillons. C'est un don du ministère de la Défense qui nous a demandé d'inventer un robot qui joue au ping-pong. Je sais ce que vous pensez, vous vous dites certainement que ce n'est pas un projet important. »

Morris haussa les épaules. Il ne supportait pas de s'entendre dire tout le temps qu'on savait ce qu'il pensait.

Farley souriait.

« Dieu sait ce qu'ils veulent en faire, dit-il. Mais ce serait formidable d'arriver à construire une chose pareille. Imaginez un ordinateur qui pourrait reconnaître une sphère se mouvant rapidement dans l'espace à trois dimensions, et capable de toucher la sphère et de la renvoyer selon certaines règles. Entre les lignes blanches, etc. Je doute qu'ils l'utilisent pour des tournois de ping-pong. »

Il alla ouvrir un réfrigérateur sur lequel étaient inscrits en lettres rouges les mots : *Radiations — réservé au personnel autorisé*. Il en sortit deux carafes.

« Voulez-vous du café ? »

Perplexe, Morris regardait les inscriptions.

« C'est simplement pour décourager les secrétaires », dit-il en riant. Sa jovialité énervait Morris qui alla ouvrir les tiroirs du bureau de Benson.

« A propos, que se passe-t-il, au sujet de Benson ?

— Que voulez-vous dire ? » lui demanda Morris. Le tiroir du haut contenait du papier, des crayons, une règle à calcul, des notes. Le second, des lettres et des dossiers.

« Il était à l'hôpital, n'est-ce pas ?

— Oui. Il a subi une opération et il est parti. Nous essayons de le retrouver.

— Il n'y a pas de doute, il est devenu bizarre, dit Farley.

— Oui, oui », dit Morris en feuilletant les dossiers. Lettres d'affaires, demandes de fournitures...

« Je me rappelle quand cela a commencé, dit Farley, c'était pendant la semaine de Watershed.

— Pendant quoi ?

— La semaine de Watershed, dit Farley. Comment prenez-vous votre café ?

— Noir. »

Farley lui offrit une tasse de café et mit un peu de crème chimique dans la sienne.

« La semaine de Watershed, c'est une semaine de juillet 1969. Sans doute n'en avez-vous jamais entendu parler ? »

Morris fit un mouvement négatif de la tête.

« Ce n'était pas le titre officiel, mais nous l'avons appelée ainsi. Tout le monde, à la société, savait que cela allait arriver.

— Qu'est-ce qui allait arriver ?

— Le Watershed, c'est-à-dire le moment prévu et attendu par tous les spécialistes de l'ordinateur, où la capacité de recevoir et d'enregistrer des informations des ordinateurs du monde entier dépasse celle des trois milliards et demi de cerveaux humains qui sont sur le globe.

— C'est cela le Watershed ?

— Je vous prie de le croire », dit Farley.

Morris but un peu de café.

« Est-ce une plaisanterie ?

— Bon Dieu non, dit Farley. C'est exact. Depuis 1969 les ordinateurs ont fait encore des progrès. En 1975, leurs possibilités dépasseront de cinquante pour cent celle des êtres humains. Harry a été terriblement bouleversé par cette constatation.

— Je peux l'imaginer, dit Morris.

— Et c'est à ce moment-là qu'il a commencé à aller mal. Il est devenu bizarre, renfermé. »

Morris regarda cette pièce remplie d'ordinateurs, c'était une curieuse sensation. Il comprit qu'il avait fait des erreurs au sujet de Benson. Il avait cru que Benson était à peu près comme tout le monde, mais quand on travaille dans un endroit comme celui-ci, il est impossible d'être comme tout le monde. Il se souvint qu'un jour Ross lui avait dit que c'était un mythe — des gens de gauche — de croire que tous les hommes étaient tous les mêmes. Beaucoup d'entre eux sont différents. A commencer par Farley. En d'autres cas, il aurait traité Farley de clown jovial, mais il était malin en diable. D'où lui venaient donc ce ricanement, ces manières comiques ?

« Savez-vous à quelle vitesse on progresse ? dit Farley. Quand on a construit l'ordinateur *Illiac I* en 1952, il faisait onze mille opérations par seconde. A présent, *Illiac IV* est presque terminé. Il fera deux cent millions d'opérations par seconde. C'est la quatrième génération. »

Morris but son café. Était-ce la fatigue ou les visions fantomatiques qui hantaient cette pièce, il commençait à éprouver une certaine parenté avec Benson. Les ordinateurs engendrent des ordinateurs... après tout.

Que penserait Ross de cela ?

« Vous trouvez des choses intéressantes dans ce bureau ?

— Non », dit Morris. Il s'assit et parcourut la pièce du regard. Il essayait de se mettre à la place de Benson, de prendre sa mentalité.

« A quoi passait-il son temps ?

— Je ne sais pas, dit Farley. Au cours de ces

derniers mois, il était très distant et renfermé. Je sais qu'il avait eu des histoires avec la Justice. Et je savais qu'il entrait à l'hôpital. Votre hôpital, il ne l'aimait guère. »

Morris n'en était pas autrement surpris.

Farley alla chercher une liasse de papiers et de photographies. Il tendit à Morris une coupure de journal jaunie. C'était un article du *Times* de Los Angeles, daté du 17 juillet 1969. Il avait pour titre : *L'Hôpital universitaire acquiert un nouvel ordinateur*. Il attirait l'attention sur l'achat d'un ordinateur IBM 360, installé au sous-sol de l'hôpital et qui serait utilisé pour la recherche, ainsi que pour les opérations et bien d'autres choses.

« Vous remarquez la date ? dit Farley. La semaine de Watershed. »

Morris en prit connaissance et son visage s'assombrit.

5

« Docteur Ross, j'essaie d'être logique.

— Je comprends, Harry.

— Pour discuter de ces questions je pense qu'il est important de raisonner logiquement, n'est-ce pas votre avis ?

— Oui, bien sûr. »

Elle était assise dans la pièce et regardait se dérouler les bandes magnétiques. En face d'elle, Ellis, enfoncé dans son fauteuil, avait les yeux clos, une cigarette entre les doigts. Morris écoutait en prenant un café. Elle faisait une liste des observations qu'ils avaient pu noter et réfléchissait aux nouvelles démarches qu'ils allaient faire.

Les bandes magnétiques continuaient à se dérouler.

« Je classe les choses d'après les tendances auxquelles j'estime qu'il faut s'opposer. Il y a quatre dangers qu'il faut combattre. Voulez-vous que je les énumère ?

— Oui, bien entendu.

— Eh bien, le premier danger est le caractère général de l'ordinateur. L'ordinateur est une machine qui ne ressemble à aucune autre. Jusqu'ici les machines fabriquées par les êtres humains avaient chacune une fonction spécifique — comme l'automobile, le réfrigérateur, etc. L'ordinateur, lui, peut tout faire.

— Les ordinateurs sont certainement...

— Laissez-moi finir, je vous prie. Le deuxième danger réside dans l'autonomie de l'ordinateur. Or, au début, les ordinateurs n'étaient pas autonomes, il fallait les surveiller tout le temps, pousser des boutons, les faire travailler. De même que les automobiles ne marchent pas sans chauffeur. A présent, tout est changé. L'ordinateur est autonome. Vous lui donnez vos instructions et vous pouvez vous en aller, l'ordinateur fera son travail.

— Harry, je...

— Ne m'interrompez pas, s'il vous plaît. Tout ceci est extrêmement sérieux. Le troisième danger est la miniaturisation. Vous connaissez cela. En 1950 il fallait une pièce entière pour loger un ordinateur, à présent on en construit qui ne sont pas plus gros qu'un paquet de cigarettes. Et bientôt ils seront encore plus petits. »

Le tambour magnétique cessa un instant de tourner.

« Le quatrième danger... » reprit Benson, sur l'écran. Mais aussitôt Ross fit jouer le déclic d'arrêt. Elle regarda Ellis et Morris : « A quoi cela nous avance-t-il ? » dit-elle.

Ils ne répondirent pas et se contentèrent de fixer les yeux sur elle avec une expression de profonde fatigue. Elle examina la liste des renseignements recueillis :

Benson est passé chez lui à zéro heure trente.

Qu'a-t-il emporté ? Des dessins industriels, un revolver et une trousse à outils.

Au jackrabbit Club, on ne l'a pas vu récemment.

Benson a été très bouleversé par l'ordinateur installé à l'hôpital universitaire en juillet 1969.

« Avez-vous une idée ? demanda Ellis.

— Non, dit Ross, mais je pense que l'un de nous devrait parler à McPherson. » Ellis l'approuva sans énergie. Morris fit un léger mouvement d'épaule. A quoi bon ? semblait-il dire.

« Très bien, dit-elle, j'y vais. »

Il était quatre heures trente du matin.

« Le fait est, dit Ross, que nous avons épuisé toutes nos possibilités d'action. L'heure approche. »

McPherson, derrière son bureau, fixa les yeux sur elle. Il avait l'air fatigué.

« Que voulez-vous que je fasse ?

— Avertir la police.

— La police a été mise au courant dès le début, et par un des siens. Le septième étage est envahi par les flics.

— Mais ils n'ont pas été informés de l'opération.

— Pour l'amour de Dieu, réfléchissez, c'est la police qui l'a amené à l'hôpital.

— Mais ils ne se doutent pas des conséquences que cela entraîne.

— Ils ne m'ont rien demandé.

— Et ils ignorent la projection de l'ordinateur pour six heures du matin.

— Cela ne change rien à l'affaire. »

Elle commençait à s'énerver. Il comprenait parfaitement ce qu'elle disait ; mais quel entêtement !

« Je pense que leur attitude serait différente s'ils savaient que Benson aura une crise à six heures.

— Je reconnais que vous avez raison », dit McPherson. Il se carra lourdement dans son fauteuil. « Au lieu de le considérer comme un fuyard poursuivi pour voies de fait, ils se diront que c'est un criminel qui est fou et qui a des fils électriques dans le cerveau. Leur objectif est de l'appréhender immédiatement. Si nous leur en disons davantage ils l'abattront.

— Mais des innocents paieront peut-être de leur vie. Si la projection...

— La projection, dit McPherson, ce n'est jamais que la projection d'un ordinateur. Elle ne vaut que par l'instruction qu'il a reçue et qui consiste en trois stimulations calculées d'après un horaire. Mais par trois points on peut faire passer bien des courbes. On peut extrapoler de bien des manières. Nous n'avons pas de raisons de croire que la crise éclatera à six heures. En réalité elle ne se produira peut-être pas du tout. »

Elle jeta un regard autour d'elle, aux graphiques accrochés au mur. McPherson élaborait l'avenir du service neuropsychiatrique, dans ce bureau, sous forme de graphiques compliqués. Elle savait ce que ces projets et ces diagrammes représentaient pour lui, ce que représentait pour lui le service neuropsychiatrique et ce que représentait Benson. Son attachement au service n'empêchait pas qu'il se conduisît sans réflexion et sans pondération. Mais comment pouvait-elle le lui faire comprendre ?

« Écoutez, Janet, dit McPherson, vous avez commencé par me dire que vous aviez épuisé toutes les possibilités d'action. Je ne suis pas d'accord. Nous avons la possibilité d'attendre. Je crois qu'on peut penser qu'il reviendra à l'hôpital. Et tant que nous aurons cet espoir, le mieux est de patienter.

— Vous n'allez pas alerter la police ?

— Non.

— S'il ne revient pas, dit-elle, et s'il attaque

quelqu'un au cours de sa crise, vous êtes prêt à en porter la responsabilité ?

— Je l'ai déjà endossée », dit McPherson et il sourit tristement.

Il était cinq heures du matin.

6

Ils étaient tous fatigués mais aucun d'eux ne pouvait dormir. Ils restèrent au Telecomp (laboratoire d'électronique), à regarder les projections de l'ordinateur qui allaient annoncer la crise. Cinq heures trente. Cinq heures quarante-cinq.

Ellis fuma tout un paquet de cigarettes puis alla en chercher un autre. Morris avait un journal sur les genoux dont il ne tournait pas les pages, et donnait de temps en temps un coup d'œil à la pendule.

Ross faisait les cent pas ; elle regarda le soleil se lever dans un ciel qui se teintait de rose au-dessus des vapeurs grises de fumée.

Ellis revint avec un nouveau paquet de cigarettes.

Gerhard s'éloigna des ordinateurs pour faire du café. Sans dire un mot, Morris se leva pour aller le rejoindre.

Ross fut brusquement frappée par le tic-tac de la pendule murale, elle n'y avait jamais pris garde. A chaque minute on entendait un déclic. Elle la regardait fixement. Je suis un rien obsessionnelle, se dit-elle. Puis elle pensa à tous les troubles psychologiques qu'elle avait eus autrefois. Impressions de *déjà vu*, vision d'elle-même à l'autre bout de la pièce, au milieu d'une réunion mondaine, associations sonores, hallucinations, phobies. Il n'y a pas de limite précise entre la santé et la maladie, entre la raison et la folie. C'est un spectre solaire sur lequel chacun a une place, et où que vous soyez placé, les autres vous paraissent bizarres. Benson leur paraissait étrange ; sans aucun doute, eux l'étaient pour lui.

A six heures précises, tous se levèrent et regardèrent la pendule. Rien ne se produisit.

« C'est peut-être pour six heures quatre exactement », fit Gerhard. Ils attendirent. Six heures quatre. Toujours rien, ni téléphone, ni messages.

Ellis chiffonna la cellophane qui enveloppait son paquet de cigarettes ; le bruit donna à Ross l'envie de crier. Il s'amusait à froisser et à défroisser le papier et elle grinçait des dents.

Six heures dix. Six heures quinze. McPherson entra.

« Jusqu'ici tout va bien », dit-il en souriant mélancoliquement, et il repartit. Les autres se regardèrent.

Cinq minutes passèrent.

« Je ne sais pas, dit Gerhard, après tout, la projection a peut-être fait une erreur. Nous n'avions relevé que trois points. Il faut peut-être faire une autre courbe. »

Il s'installa devant l'ordinateur et se mit à pousser des boutons. L'écran éclaira des courbes blanches sur un fond vert. Puis il s'arrêta brusquement.

« Non, dit-il, l'ordinateur conserve la première courbe.

— L'ordinateur se trompe certainement, dit Morris. Il est près de six heures trente. La cafétéria va ouvrir. Qui est-ce qui veut déjeuner ?

— Moi, je ne dis pas non, dit Ellis. Et vous, Janet ? »

Elle fit un signe de tête négatif. « Je vais attendre un peu, ici.

— Je crois qu'il ne se passera rien, dit Morris, vous feriez mieux de venir prendre quelque chose.

— J'attends ici, dit-elle, et ces mots sortirent de sa bouche sans même qu'elle s'en rendît compte.

— Très bien », fit Morris en la saluant du bras. Il lança un clin d'œil à Ellis et les deux hommes s'en allèrent. Elle resta seule avec Gerhard.

« Jusqu'à quel point as-tu confiance en l'exactitude de cette courbe ? demanda-t-elle.

— Je ne sais plus, nous avons dépassé les limites prévisibles qui étaient de deux minutes en plus ou en moins.

— Tu veux dire que la crise devait se produire entre six heures deux et six heures six ?

— Oui, approximativement. Mais elle ne s'est pas produite.

— Peut-être ne la découvrira-t-on que plus tard.

— C'est possible. » Gerhard ne paraissait pas convaincu.

Elle retourna à la fenêtre. Le soleil était levé et brillait d'une pâle lueur rougeâtre. Pourquoi les levers de soleil sont-ils toujours moins éclatants que les soleils couchants ?

Derrière elle, elle entendit un petit bruit électronique.

« Oh ! fit Gerhard.

— Qu'est-ce que c'est ? »

Il lui montra une petite boîte mécanique, sur une étagère dans un coin. La boîte était reliée à un téléphone et brillait d'une lumière verte.

« Qu'est-ce que c'est ? répéta-t-elle.

— C'est la ligne spéciale. Le disque qui tourne

vingt-quatre heures sur vingt-quatre au sujet de la plaque. »

Elle alla prendre l'écouteur et entendit une voix régulière et bien posée qui disait : « Sachez que le corps ne doit pas être incinéré ni touché en aucune façon avant qu'on ait retiré le matériel électronique qui a été implanté, sinon il y a un risque de contamination radioactive. Pour renseignements plus détaillés...

— Comment ferme-t-on ? » demanda-t-elle à Gerhard.

Il pressa un bouton, le disque se tut.

« Allô », dit-elle.

Elle entendit une voix d'homme :

« A qui ai-je l'honneur de parler ?

— Ici le docteur Ross.

— Faites-vous partie du service neuropsychiatrique ?

— Oui.

— Veuillez prendre un papier et un crayon. Je voudrais que vous inscriviez l'adresse suivante : Capitaine Anders, de la police de Los Angeles. »

Elle fit signe à Gerhard de lui apporter de quoi écrire.

« De quoi s'agit-il, capitaine ?

— Nous sommes en présence d'un meurtre, dit Anders, et nous avons des questions à vous poser. »

7

Trois cars de police débarquèrent devant l'immeuble qui était à quelque distance du Sunset Boulevard. Malgré le froid et l'heure matinale la foule avait été attirée par les feux rouges. Elle gara sa voiture dans la rue et se dirigea vers le commissariat. Un jeune policier l'arrêta.

« Êtes-vous une locataire ?

— Je suis le docteur Ross. Le capitaine Anders m'a fait appeler. »

Il lui indiqua l'ascenseur. « Troisième étage, tournez à gauche », dit-il. La foule la regardait avec curiosité. Ils étaient tous dehors, pour essayer de voir ce qui se passait, ils se bousculaient et murmuraient entre eux. Elle se demanda ce qu'ils pouvaient bien penser en la voyant entrer. Les clignotants des cars de police envoyaient des lueurs rouges intermittentes dans le hall. L'ascenseur arriva et les portes se fermèrent.

A l'intérieur, l'ascenseur était vernissé, garni de faux bois en plastique et d'un tapis vert sali par de nombreux animaux domestiques. Il montait en grinçant et elle attendait impatiemment d'arriver au troisième. Elle savait ce qu'étaient ces immeubles, peuplés d'escrocs, d'homosexuels, de drogués, de voyageurs de passage et où l'on pouvait louer un appartement au mois sans bail.

Elle sortit de l'ascenseur au troisième étage et se dirigea vers un groupe de policiers qui étaient à la porte de l'appartement. L'un d'eux lui barra le passage. Elle répéta qu'elle était convoquée par le capitaine Anders, il la laissa alors passer en lui recommandant de ne toucher à rien.

L'appartement comprenait une seule chambre à coucher meublée dans un style pseudo-espagnol. Une vingtaine d'hommes y étaient entassés, très affairés à épousseter, à photographier, à mesurer. Il était impossible de se représenter l'aspect qu'avait cette pièce avant l'invasion de la police.

Anders s'approcha d'elle. Il avait une trentaine d'années et était vêtu d'un costume classique sombre. Ses cheveux tombaient sur son col et il portait des lunettes d'écaille. Il avait une allure inattendue et presque professorale. « C'est drôle, se dit-elle, comme on se fait des idées préconçues. » Il parlait d'une voix douce.

« C'est vous le docteur Ross.

— Oui.

— Capitaine Anders. » Il lui tendit une main ferme. « Merci d'être venue. Le corps est dans la chambre. Le représentant du coroner est là. »

Il la conduisit dans la chambre. La défunte était une fille d'une vingtaine d'années — étendue sur le lit, complètement nue. La tête fracassée, et elle avait reçu plusieurs coups de couteau. Le lit était maculé de sang. La chambre était dans un grand désordre — une chaise renversée, des crèmes et des lotions répandues sur le tapis, la lampe de chevet cassée. Six hommes étaient au travail, l'un d'eux était un médecin légiste. Il rédigeait l'acte de décès.

« Voici le docteur Ross, dit Anders, mettez-la au courant. »

Le médecin eut un haussement d'épaules qui semblait dire : c'est pitoyable.

« Méthode brutale, comme vous voyez. Coup dans la région temporale gauche provoquant une dépression crânienne et une perte de connaissance immédiate. C'est cette lampe de chevet qui servit d'arme ; elle est tachée de sang et des cheveux y sont encore accrochés. »

Ross jeta un coup d'œil sur la lampe puis sur le lit.

« Les coups de couteau ? demanda-t-elle.

— Ils lui ont été assenés après la mort. C'est le coup à la tête qui l'a tuée. »

Ross examina la tête qui était écrasée d'un côté, comme un ballon de football dégonflé, et défigurait affreusement ce qui avait été, et ce qu'il est convenu d'appeler, un joli visage.

« Vous remarquerez, dit le médecin en se rapprochant, qu'elle n'est maquillée qu'à moitié. Si nous reconstituons la scène, elle était assise à sa table de toilette. Le coup vient d'en haut et sur le côté, la fait tomber et renverse les flacons. Puis on la relève et on la met sur le lit. » Le médecin fait le geste de celui qui porte un corps.

« C'est quelqu'un de rudement fort ?

— Oh ! oui, certainement un homme.

— Comment pouvez-vous le savoir ?

— Nous avons trouvé des poils du pubis dans la douche. Ceux de la fille et ceux d'un homme. Si l'on fait une coupe transversale, le poil pubien mâle est plus circulaire que le poil féminin.

— Je ne savais pas cela, dit Ross.

— Il est évident qu'avant de l'assassiner le tueur a eu des rapports sexuels avec elle. Après, l'homme a pris une douche, puis l'a tuée. Après l'avoir frappée à la tête il l'a soulevée et placée sur le lit. A ce moment-là, elle ne saigne pas beaucoup. Il n'y a pour ainsi dire pas de sang sur la table de toilette et sur le fauteuil. Mais alors le meurtrier attrape un instrument quelconque et lui perce le ventre à coups redoublés. Vous remarquerez que les blessures les plus profondes se trouvent au bas de l'abdomen, ce qui a probablement une signification sexuelle pour le tueur. Mais ceci n'est que conjecture. »

Ross hochait la tête sans rien dire. Elle s'approcha du corps pour examiner les blessures qui étaient petites et ressemblaient à des piqûres ; tout autour la peau était déchiquetée.

« Avez-vous trouvé une arme ?

— Non, dit le docteur.

— De quoi s'est-il servi ?

— Rien de très pointu, mais il fallait beaucoup de force pour pénétrer ainsi avec un instrument émoussé.

— Encore une preuve que c'est un homme, dit Anders.

— Oui, je pense que c'était un objet en métal, comme un coupe-papier ou un tournevis. Mais ce qui est intéressant, continua le médecin, c'est ce phénomène. » Il montra le bras gauche de la fille qui était étendu sur le lit et couvert de blessures. « Vous voyez, il l'a frappée de coups successifs au ventre, puis au bras, en suivant un mouvement régulier. Il a dépassé le bras et a continué à frapper. Vous voyez les déchirures du drap, de la couverture. Elles se suivent en ligne droite. »

Il montra les déchirures.

« D'après les traités cela s'appelle persistance, c'est-à-dire mouvement répété semblable à celui d'une machine.

— Exact, dit Ross.

— Nous supposons, dit le médecin, que ce mouvement indique un état de transe ou de crise mais nous ne savons pas si cette crise est organique ou due à des excitants artificiels. Étant donné que la fille l'a laissé entrer librement chez elle, la crise a dû se produire ultérieurement. »

Le médecin du coroner agaçait Ross par ses airs importants. Ce n'était pas le moment de jouer les Sherlock Holmes.

Anders lui montra la fameuse plaque de métal semblable à celles que l'on met aux chiens.

« Nous l'avons trouvée en procédant à notre investigation. »

Ross la prit dans sa main.

« *On m'a implanté un régulateur atomique. Un coup reçu ou le feu peut faire éclater la capsule et dégager des matières toxiques. En cas de blessure ou de mort prévenir le service neuropsychiatrique (213) 652-1134.* »

« Et c'est alors que je vous ai appelée, dit Anders. Nous vous avons mise au courant. A vous, maintenant, de parler.

— Il s'appelle Harry Benson, dit-elle. Il a trente-quatre ans. Il est atteint d'un syndrome de levée d'inhibitions lésionnel. »

Le médecin légiste fit claquer ses doigts : « Bon Dieu !

— Un syndrome de levée d'inhibitions ? Qu'est-ce que c'est ? » demanda Anders.

A ce moment-là, un homme en civil entra. « Nous avons une piste. Ce type est inscrit sur les registres comme étant en congé depuis 1968, dit-il.

— En congé de quoi ?

— Il fabriquait des ordinateurs, dit Ross.

— Exact, fit l'homme en civil. Au cours des trois dernières années il figurait dans la catégorie des chercheurs électroniciens.

— Que savez-vous de la fille ? demanda Ross au médecin.

— Son vrai nom : Doris Blankfurt, son nom de théâtre : Angela Black. Vingt-six ans, elle habitait l'immeuble depuis six semaines.

— Sa profession ?

— Danseuse. Cela a-t-il une signification particulière ?

— Oui. Il a, à la fois, de l'attirance et de la répulsion envers les danseuses. C'est assez compliqué. »

Il la regarda curieusement. Pensait-il qu'elle cherchait à lui en imposer ?

« En quelque sorte, il est pris de crises ?

— Oui. »

Anders prenait des notes.

« J'aurai besoin d'un supplément d'explications, dit-il, de descriptions, de photographies.

— Je vous fournirai tout cela.

— Aussi rapidement que possible. »

Elle inclina la tête en signe d'acquiescement. Tous ses anciens préjugés contre la police avaient disparu. Elle ne pouvait détacher ses regards de cette tête défoncée. Elle se représentait la brutalité des coups.

« Il est sept heures et demie, dit-elle en regardant sa montre. Je retourne à l'hôpital, mais d'abord chez moi pour me changer. Vous pouvez m'y rejoindre.

— Entendu, je serai chez vous dans une vingtaine de minutes.

— Parfait », et elle lui donna son adresse.

8

La douche lui sembla bonne, le picotement de l'eau chaude sur sa peau la revigorait. Elle se détendit, les yeux fermés. Elle avait toujours aimé les douches, qui sont appréciées surtout par les hommes. En général, les femmes préfèrent les bains. Un jour le docteur Ramos le lui avait fait remarquer. Des bêtises, pensait-elle. Elle était individualiste et se moquait pas mal des opinions toutes faites.

Et puis elle avait découvert qu'on traitait les schizophrènes par des douches. L'alternance du jet chaud et froid les calme parfois.

« Alors, maintenant vous croyez que vous êtes schizophrène ? » lui avait dit le docteur Ramos en riant, ce qui ne lui arrivait pas souvent. Elle s'efforçait de le dérider, mais généralement sans succès.

Elle ferma le robinet et mit un peignoir. Elle essuya la glace de la salle de bains qui était couverte de vapeur et se regarda. « A quoi est-ce que je ressemble ! » dit-elle. L'eau avait effacé le fard autour de ses yeux — le seul fard qu'elle employât — et ceux-ci paraissaient tout petits et fatigués. A quelle heure était son rendez-vous avec le docteur Ramos ? Était-ce pour aujourd'hui ?

Elle ne savait plus très bien où elle en était, et il lui fallut un moment de réflexion pour se rappeler que c'était vendredi. Depuis plus de vingt-quatre heures elle n'avait pas fermé l'œil et elle se découvrait tous les symptômes de l'insomnie qu'elle avait eus étant interne : crampes d'estomac, douleur sourde dans le corps. Idées confuses. Vraiment, elle se sentait très mal à l'aise.

Elle savait que d'ici quatre ou cinq heures elle rêverait de dormir. Elle imaginerait un lit et un matelas très doux et elle goûterait les merveilleuses sensations que l'on éprouve en s'endormant.

Elle espérait qu'on trouverait Benson sans tarder. La vapeur recouvrait encore la glace. Elle ouvrit la porte de la salle de bains pour laisser entrer l'air. Elle commençait à se maquiller quand elle entendit sonner. « Anders, probablement », se dit-elle. Elle avait laissé la porte d'entrée ouverte.

« Entrez, cria-t-elle, puis elle reprit son maquillage. Si vous voulez du café, faites bouillir de l'eau à la cuisine. »

Elle termina son maquillage, serra son peignoir autour de sa taille.

« Vous avez ce qu'il vous faut », dit-elle.

Harry Benson était là, dans le couloir.

« Bonjour, docteur Ross, dit-il, d'une voix agréable. J'espère que je ne vous dérange pas. »

Elle fut prise d'une singulière frayeur. Il lui tendit la main qu'elle serra sans bien se rendre compte de ce qu'elle faisait. Elle était impressionnée par sa propre peur. Pourquoi avait-elle peur ? Elle connaissait bien cet homme et avait été souvent seule avec lui, sans rien redouter.

La surprise y était pour quelque chose ; le choc de le trouver là. Et dans un cadre qui n'avait rien de professionnel. Avec son peignoir de bain et ses pieds nus et humides, elle était mal à l'aise.

« Excusez-moi un instant, dit-elle. Je vais m'habiller. »

Il la salua poliment et retourna au salon. Elle ferma la porte de sa chambre et s'assit sur son lit. Elle avait le souffle court, comme si elle avait couru pendant longtemps. C'est l'anxiété, se dit-elle, mais le mot ne changeait rien à la chose. Elle se rappelait un de ses malades qui, à bout de patience, lui avait crié : « Ne me dites pas que je suis déprimé. Je me sens affreusement mal. »

Elle prit dans son armoire la première robe venue, puis retourna à la salle de bains pour voir la figure qu'elle faisait. « Ce n'est pas le moment de perdre son temps », se dit-elle.

Elle reprit haleine et alla parler avec lui. Il était planté au milieu du salon, l'air gêné, ahuri et honteux. Elle se représenta la pièce telle qu'il la voyait : moderne, aseptique, hostile. Mobilier moderne, cuir noir et acier chromé, formes dures, tableaux d'avant-garde aux murs — un environnement moderne, brillant, fonctionnel comme une machine, absolument hostile.

« Je n'aurais jamais imaginé que votre appartement ressemblait à cela, dit-il.

— Nous n'avons pas peur des mêmes choses, Harry. » Elle s'appliquait à prendre un ton désinvolte et léger. « Voulez-vous du café ?

— Non, merci. »

Il était mis correctement, veston et cravate, mais sa perruque noire la médusait, et ses yeux, aussi — les yeux d'un homme tombant de fatigue. Elle pensa aux rats qui avaient succombé aux excès de stimulations agréables. Finalement ils s'étaient étalés pantelants sur le sol, trop faibles pour déclencher un dernier choc électrique.

« Êtes-vous seule ici ? demanda-t-il.

— Oui. »

Il avait une légère ecchymose sur la joue gauche, juste au-dessous de l'œil. Elle regarda ses pansements qui se voyaient à peine, entre la perruque et le haut du col.

« Y a-t-il quelque chose qui ne va pas ?

— Non, rien, dit-elle.

— Vous avez l'air énervée », dit-il avec un accent de compassion sincère. Il venait probablement d'avoir une stimulation. Elle se rappelait les avances sexuelles qu'il lui avait faites après les essais de stimulation, juste avant la confrontation.

« Non, je ne suis pas énervée, dit-elle.

— Vous avez un charmant sourire. »

Elle jeta un coup d'œil sur ses vêtements, y cherchant des traces... La fille baignait dans le sang... Il s'était peut-être changé, après une deuxième douche. Après l'avoir assassinée.

« Eh bien, moi, je vais prendre du café. » Avec une espèce de soulagement, elle alla à la cuisine, loin de lui elle respirait mieux. Elle mit la bouilloire sur le gaz et attendit un instant. Elle avait besoin de se dominer, de dominer la situation.

Chose bizarre, elle avait reçu un choc en le voyant chez elle, mais n'était pas surprise qu'il y fût venu. Ceux qui sont atteints de cette maladie sont des gens qui vont à la dérive et qui craignent leur propre violence. La moitié d'entre eux tentent de se suicider, par désespoir, et tous sont des anxieux qui ont conscience d'avoir besoin de médecins.

Mais pourquoi n'était-il pas rentré à l'hôpital ? Elle retourna au salon. Debout, devant les vastes fenêtres, Benson regardait la ville qui s'étendait sur des kilomètres, en toutes directions.

« Vous m'en voulez, lui dit-il.

— Vous en vouloir, pourquoi ?

— Parce que je me suis sauvé.

— Harry, pourquoi avez-vous pris la fuite ? » En parlant elle retrouvait la maîtrise de soi. Il fallait qu'elle agisse sur cet homme, qu'elle le prenne en main ; après tout, c'était son travail. Elle s'était retrouvée seule avec des types plus dangereux que celui-ci. Au Cameroun, elle avait fait un stage de six mois au State Hospital où elle avait soigné des malades mentaux et des assassins qui étaient charmants, séduisants, mais qui vous donnaient froid dans le dos.

« Pourquoi ? Parce que. » Il sourit et s'installa dans un fauteuil, se tortilla dans tous les sens, puis se leva et alla s'asseoir sur le canapé.

« On est très mal sur vos sièges. Comment pouvez-vous vivre dans un appartement aussi peu confortable ?

— Il me plaît.

— Encore une fois ce n'est pas confortable. »

L'agressivité flamboyait dans ses yeux qu'il fixait sur Ross. Elle continuait à regretter que ce tête-à-tête eût lieu chez elle où tout ce que voyait Benson lui paraissait certainement provocant et menaçant.

« Comment m'avez-vous découverte, Harry ?

— Vous êtes étonnée que je connaisse votre adresse ?

— Oui, un peu.

— Je suis prudent. Avant d'entrer à l'hôpital, j'ai trouvé votre adresse, celle d'Ellis et celle de McPherson.

— Pourquoi ?

— En cas de besoin.

— A quoi vous attendiez-vous ? »

Au lieu de répondre, il se leva, alla à la fenêtre et regarda la ville.

« Ils sont à ma recherche, là-bas, n'est-ce pas ?

— Oui.

— Mais ils ne me trouveront pas, la ville est trop grande. »

A la cuisine, la bouilloire se mit à siffler. Elle s'excusa et alla faire le café. Elle chercha ce qu'elle pourrait trouver, un objet lourd. Peut-être pourrait-elle le frapper à la tête. Ellis ne le lui pardonnerait jamais, mais...

« Vous avez un tableau sur votre mur, cria Benson, avec des quantités de chiffres ! Qui a fait ça ?

— Un peintre qui s'appelle Johns.

— Pourquoi un homme dessine-t-il des chiffres ? Les chiffres c'est pour les machines. »

Elle remua le café en poudre, y versa du lait et revint s'asseoir au salon.

« Harry...

— Non, laissez-moi, je sais ce que je fais. Et regardez celui-ci, quelle signification peut-il avoir ? » Et il se mit à taper sur le second tableau.

« Harry, venez vous asseoir. »

Il la regarda fixement pendant un moment et vint s'asseoir sur le canapé en face d'elle. Il paraissait extrêmement tendu et au bout de quelques minutes il eut un sourire tout à fait décontracté. Ses pupilles se dilatèrent.

« Encore une stimulation », se dit-elle.

Que diable allait-elle faire ?

« Harry, dit-elle, qu'est-il arrivé ?

— Je ne sais pas, dit-il.

— Vous avez quitté l'hôpital.

— Oui, j'ai quitté l'hôpital, vêtu d'une blouse blanche. J'avais tout prévu. Angela est venue me chercher.

— Et alors ?

— Nous sommes allés chez moi, j'étais dans une tension nerveuse extrême.

— Pourquoi ?

— Voyons, je sais comment tout cela va finir. »

Elle n'était pas sûre de ce qu'il voulait dire.

« Comment cela va-t-il finir ? dit-elle.

— Et quand nous avons quitté ma maison je suis allé dans son appartement. Nous avons fait l'amour et je lui ai dit comment ça allait finir. Elle a pris peur. Elle voulait appeler l'hôpital pour leur dire où j'étais... » Son regard se perdit dans le vide et refléta une honte passagère. Ross ne voulait pas insister. La crise passée, il ne se rappelait probablement pas qu'il avait tué la fille. Il avait une amnésie totale et sincère.

Mais elle voulait qu'il continue à parler.

« Pourquoi avez-vous quitté l'hôpital, Harry ?

— C'était l'après-midi, dit-il en se tournant vers elle. J'étais allongé sur mon lit et tout d'un coup j'ai compris que tout le monde me soignait, *faisait attention à moi* comme on entretient et répare une machine. Il y a longtemps que j'avais peur de cela. »

Ce qu'il venait de dire confirmait ce qu'elle soupçonnait depuis longtemps. La paranoïa de Benson et son obsession des machines étaient au fond la peur de perdre son indépendance. Quand il disait qu'il avait peur qu'on le soigne et qu'on s'occupe de lui, il disait la vérité. Et les gens détestent généralement ce qui leur fait peur.

Mais Benson dépendait d'elle ; devant ce fait, comment allait-il réagir ?

« Vous m'avez menti, dit-il tout à coup.

— Personne ne vous a menti, Harry. »

Il commençait à se fâcher.

« Si, vous m'avez menti, vous... » Il s'arrêta et sourit. Ses pupilles se dilatèrent — encore une stimulation, elles étaient de plus en plus rapprochées. « La crise n'est pas loin », se dit Ross.

« Vous savez, dit-il, c'est la plus merveilleuse sensation qui puisse exister.

— Quelle sensation ?

— Cette secousse. Quand je commence à avoir le cafard, couic ! — et je suis heureux, dit Benson, merveilleusement heureux.

— Les stimulations », dit-elle.

Elle résista à l'envie de regarder sa montre. L'heure n'avait pas d'importance. Anders avait annoncé qu'il viendrait dans vingt minutes, mais il pouvait être retardé. Et s'il venait, pourrait-il maîtriser Benson ? Un malade de ce type qui se déchaîne, c'est un spectacle terrifiant. Anders finirait probablement par tirer sur Benson, et cela, elle ne le voulait pas.

« Mais il y a autre chose que vous ne savez pas, dit Benson. La secousse n'est pas toujours agréable. Quand elle est trop forte, je suffoque.

— Est-elle forte en ce moment ?

— Oui », dit-il en souriant.

Et en le voyant sourire, elle mesura avec effroi sa propre impuissance. On lui avait appris à « tenir » ses malades, à orienter leurs pensées et leurs sujets de conversation, ici tout cela était devenu inutile. Les manœuvres verbales seraient sans effet, comme elles le seraient sur quelqu'un qui a la rage ou une tumeur du cerveau. Le problème de Benson était un problème matériel. Il était pris dans une machine qui le poussait inexorablement à une crise. Les paroles ne pouvaient arrêter l'ordinateur implanté.

L'emmener à l'hôpital était la seule chose qu'elle pût faire. Mais comment ? Elle essaya de faire appel à ses facultés de raisonnement.

« Comprenez-vous ce qui arrive, Harry ? Les stimulations sont trop fortes, elles vous oppressent et vous précipitent dans des crises.

— J'aime cette sensation.

— Mais vous m'avez dit que vous ne la trouvez pas toujours agréable.

— Non, pas toujours.

— Alors vous ne voulez pas qu'on corrige cela ?

— Corriger, avez-vous dit ?

— Enfin qu'on vous remette d'aplomb pour que vous n'ayez plus de crises. » Elle faisait attention aux mots qu'elle prononçait.

« Vous pensez que j'ai besoin qu'on me remette d'aplomb ? C'était le terme consacré d'Ellis.

— Harry nous pouvons améliorer votre état de santé.

— Je vais très bien, docteur Ross.

— Mais, Harry, quand vous êtes allé chez Angela...

— Je ne me rappelle rien.

— Vous veniez de quitter l'hôpital.

— Je ne me rappelle rien. La bande magnétique de la mémoire est complètement effacée. Elle est statique. Vous pouvez la mettre sur audio si vous voulez et l'écouter. » Il ouvrit la bouche et il en sortit une espèce de sifflement. « Vous voyez ? Uniquement statique.

— Vous n'êtes pas une machine, dit-elle doucement.

— Pas encore. »

Elle avait l'esprit si tendu qu'elle en éprouvait une souffrance physique. Et elle avait gardé assez de lucidité pour noter cette manifestation physiologique d'un état émotionnel.

Mais elle était furieuse en pensant à Ellis et à McPherson et à toutes ces conférences au cours desquelles elle avait toujours soutenu qu'un appareil implanté aggraverait l'état hallucinatoire de Benson. Ils n'avaient jamais tenu compte de ce qu'elle leur disait. Elle regrettait qu'ils ne fussent pas là maintenant.

« Vous voulez faire de moi une machine, tous, tant que vous êtes, dit-il. Je me battrai contre vous.

— Harry.

— Laissez-moi finir. » Ses traits tirés et durs s'adoucirent brusquement et il sourit.

Nouvelle stimulation. Elles se produisaient de minute en minute, à présent. Où était Anders ? Allait-elle courir dans le vestibule en hurlant ? Essayer d'appeler l'hôpital ? la police ?

« Je suis si bien, dit Benson, toujours souriant. Cette sensation, c'est merveilleux. Il n'y a rien de pareil. Si je pouvais m'y plonger pour toujours.

— Harry, je veux que vous essayiez de vous relaxer.

— Je me relaxe. Mais ce n'est pas ça que vous voulez.

— Qu'est-ce que je veux ?

— Vous voulez que je sois une bonne machine. Que j'obéisse à mes maîtres, que je suive leurs instructions.

— Harry, vous n'êtes pas une machine.

— Et je n'en serai jamais une. Jamais.

— Harry, dit-elle, je veux que vous reveniez à l'hôpital.

— Non.

— Nous nous occuperons de vous et vous irez mieux, nous nous inquiétons de votre santé.

— Vous vous inquiétez pour moi ! » Il rit très fort, méchamment. « Non, vous ne vous inquiétez pas pour *moi*. Vous ne pensez qu'à vos recherches expérimentales. A votre programme scientifique. Mais vous ne pensez pas à *moi*. »

Il était surexcité et sa colère montait.

« Ça ne fera pas bon effet dans vos journaux

médicaux d'être obligé d'avouer que l'un de vos malades, en observation depuis des années, est mort parce qu'il est devenu fou et que les flics l'ont abattu. Ça ne vous fera pas honneur.

— Harry...

— Je *sais* », dit Benson. Il tendait les bras. « Il y a une heure j'étais malade. Quand je me suis réveillé, j'ai vu du sang sous mes doigts. Du sang, oui. » Il regarda ses mains et les replia pour regarder ses ongles. Puis il toucha son pansement. « L'opération a soi-disant réussi, mais ça ne marche pas. »

Puis, brusquement, il se mit à pleurer. Son visage était calme, mais les larmes coulaient sur ses joues.

« Ça ne marche pas... je ne comprends pas, ça ne marche pas. »

Et tout à coup il sourit. Nouvelle stimulation — moins d'une minute après la précédente. Ross savait que la crise allait éclater.

« Je ne veux blesser personne », dit-il en souriant, gaiement.

Elle éprouvait à la fois de la sympathie pour lui et de la tristesse de tout ce qui était arrivé.

« Je comprends, dit-elle. Retournons à l'hôpital.

— Non, non...

— J'irai avec vous. Je resterai avec vous tout le temps.

— *Ne discutez pas avec moi !* » Les poings serrés il tapait des pieds et lui lançait des regards fulminants. « Je ne vous écouterai pas. »

Il s'arrêta et se mit à renifler l'air.

« Qu'est-ce que c'est que cette odeur ? dit-il. Je déteste cette odeur. Vous m'entendez, je la *déteste*. »

Il s'approcha en reniflant et avança les mains vers elle.

« Harry...

— Je hais cette sensation », dit-il.

Elle s'éloigna. Il la suivit d'un pas maladroit, ses mains toujours tendues.

« Je ne la veux pas, cette sensation. »

Il était en pleine crise, véritablement halluciné, et il s'avançait vers elle.

« Harry... »

Le regard vide — un masque d'automate —, les bras toujours tendus vers elle, il avait l'air d'un somnambule. Ses mouvements lents permettaient à Ross de reculer.

Alors brusquement, il saisit un lourd cendrier de verre qu'il lança contre elle. Ross esquiva le coup, mais il alla briser la vitre d'une des grandes fenêtres.

Il sauta sur elle, la saisit à bras-le-corps avec une force incroyable.

« Harry, criait-elle, haletante, Harry. » Elle regarda son visage qui était toujours vide de toute expression. Alors elle lui flanqua brutalement un coup de genou dans l'aine. Il poussa un grognement, desserra son étreinte. Elle prit le téléphone, pendant qu'il toussait :

« Passez-moi la police, s'il vous plaît.

— Voulez-vous la police de Beverly Hills ou celle de Los Angeles ?

— *Peu importe !*

— Mais enfin... »

Elle abandonna le téléphone. Benson recommençait à la suivre. Elle entendit la voix métallique du téléphoniste disant : « allô ! allô ! »

Benson arracha le téléphone et l'envoya valser à l'autre bout de la pièce. Puis il attrapa une torchère et la lança dans sa direction. Elle l'évita en baissant la tête, mais sentit la bouffée d'air déplacé par le lourd pied de métal. S'il l'atteignait, il la tuerait. L'imminence du danger la poussa à l'action.

Elle courut à la cuisine. Benson la suivit. Elle ouvrit plusieurs tiroirs, ne trouva qu'un tout petit couteau. Mais Benson était là, devant elle. Elle lui lança un pot qui s'écrasa contre ses jambes. Il s'avança. Comme elle avait conservé sa lucidité, elle comprit qu'elle commettait une énorme erreur et qu'il y avait dans la cuisine quelque chose qu'elle pouvait utiliser. Mais quoi ?

Les mains de Benson se fermèrent autour de son cou. L'étreinte était atroce. Elle se débattit, attrapa ses poignets, et essaya de se dégager. Benson fit un pas en arrière et la coinça contre la table de travail.

Elle ne pouvait ni bouger ni respirer. Des points bleus se mirent à danser devant ses yeux, elle suffoquait.

Ses doigts cherchèrent quelque chose, n'importe quoi, pour le frapper.

La cuisine...

Elle promena fiévreusement ses mains autour d'elle et sentit la poignée métallique de la machine à laver la vaisselle, la glace du four. Les taches bleues, devant ses yeux, s'étaient agrandies et leur mouvement lui donnait la nausée. Elle allait mourir dans la cuisine. La cuisine, la cuisine, *les dangers de la cuisine*. Au moment où elle allait perdre connaissance, elle se souvint... Les micro-ondes. Elle ne voyait plus rien, le monde était d'un gris uniforme, mais elle pouvait encore toucher, sentir. Ses doigts rencontrèrent le métal du four, montèrent, et brusquement, elle tourna le bouton.

Benson hurla.

L'étau s'était desserré autour de son cou. Elle tomba comme une masse sur le plancher. Benson poussait des cris horribles et déchirants. Lentement la vision lui revint et elle le vit, debout au-dessus d'elle, qui tenait sa tête entre ses mains.

Il ne lui prêta aucune attention tandis qu'elle gisait au fond de la cuisine, essayant de reprendre son souffle. Il se contorsionnait, se tordait de douleur et rugissait comme un animal blessé. Puis il s'enfuit, toujours hurlant.

Janet glissa doucement dans l'inconscience.

9

De longues marques violettes se formaient de chaque côté du cou. Elle se regarda dans la glace.

« Quand est-il parti ? demanda Anders qui se tenait sur la porte de la salle de bains.

— Je ne sais pas. A peu près au moment où j'ai perdu connaissance. »

Il regarda le salon où tout était sens dessus dessous.

« Pourquoi vous a-t-il attaquée ?

— Il était en crise.

— Mais vous êtes son médecin.

— Cela ne change rien, dit-elle. Quand il a une crise, il ne sait absolument plus ce qu'il fait. Il tuerait son propre enfant. Cela s'est vu. »

Il était difficile à Anders de comprendre la situation et Ross s'en rendait compte. Quand on n'a pas vu un malade atteint d'épilepsie temporale en crise, on ne peut se faire une idée de cette violence, de cette brutalité aveugle qui ne se peut comparer à rien d'autre.

« Hum, fit Anders. Enfin, il ne vous a pas tuée. »

« Pas tout à fait », se dit-elle, en touchant ses ecchymoses. Comment les cacher, les maquiller ? Elle n'avait plus de fards. Un chandail à col roulé ?

« Non il ne m'a pas tuée mais il l'aurait fait si...
— Si ?
— J'ai mis en marche le four à micro-ondes.
— Le four à micro-ondes ! s'exclama Anders, complètement abasourdi.
— Cela a agi sur l'appareil électronique de Benson. Les radiations des micro-ondes arrêtent l'appareil régulateur. C'est d'ailleurs un problème pour les cardiaques qui ont un *pace-maker*. Il y a eu de nombreux articles récemment au sujet des *dangers de la cuisine*.
— Oh ! » dit Anders.

Il sortit pour aller passer des coups de téléphone pendant qu'elle s'habillait. Elle choisit un chandail noir à col roulé et une jupe grise, et se regarda dans la glace. On ne voyait pas ses ecchymoses. Elle n'avait pas l'habitude d'être en noir et gris ; ces couleurs froides et sombres ne s'accordaient pas à son caractère.

Elle entendit Anders qui téléphonait au salon. Elle alla boire quelque chose à la cuisine, pas du café, mais un scotch. Pendant qu'elle le versait, elle vit de grandes éraflures que ses ongles avaient faites sur la table. Trois de ses ongles étaient cassés.

Avec son verre, elle alla s'asseoir au salon. « Oui, disait Anders, oui, je comprends... Non, aucune idée. Nous essayons. »

Puis il y eut une longue pause.

Elle alla près de la fenêtre à la vitre cassée et contempla la ville. Le soleil brillait ; il éclairait une longue bande de vapeur grisâtre, suspendue au-dessus des maisons. « L'existence qu'on mène ici est réellement atroce, pensait-elle. Je devrais aller respirer au bord de la mer. »

« Écoutez, disait Anders, furieux, rien de tout cela ne serait arrivé si vous aviez veillé à ce que votre foutu garde reste à la porte de l'hôpital. »

Elle l'entendit qui raccrochait brutalement.

« Merde, dit-il, la politique...

— Même dans les services de police ?

— Surtout dans la police, dit-il. Quand les choses tournent mal, immédiatement c'est la curée : il faut trouver moyen d'accabler quelqu'un.

— Ils en ont contre vous ?

— Ils essaient de me coincer. »

Elle comprenait et se demandait ce qui se passait à l'hôpital. La même chose probablement. L'hôpital avait à maintenir sa réputation, les chefs de service devaient être affolés, le directeur, soucieux, en pensant aux difficultés de trouver de nouveaux fonds. « Il y aura certainement une victime », se dit Ross. McPherson était trop important, elle et Morris, trop petits. Ce sera probablement Ellis, qui est professeur assistant. Saquer un professeur assistant c'est en somme s'en prendre à quelqu'un qui a un poste temporaire et qui s'est montré trop agressif, ou trop téméraire, ou trop ambitieux. C'est donc beaucoup plus facile que de s'attaquer à un professeur titulaire, car dans ce cas tout est beaucoup plus compliqué et on risque de se déjuger et de revenir sur le choix qui a été fait pour occuper cette chaire.

« Ce sera Ellis », se répétait-elle. Le savait-il ? Il venait d'acheter une maison à Brentwood. Et il en était très fier. Il avait invité tous ceux du service neuropsychiatrique à pendre la crémaillère la semaine suivante.

Elle regardait toujours par la fenêtre.

« Qu'est-ce que ces crises ont à voir avec les *pace-makers* des cardiaques ? » demanda Anders.

Il ouvrit son carnet de notes.

« Commencez par le commencement et allez lentement, dit-il.

— Très bien. » Elle posa son verre. « Laissez-moi d'abord demander une communication », dit-elle.

Il acquiesça d'un signe de tête et attendit pendant qu'elle appelait McPherson. Puis, le plus calmement possible, elle expliqua tout ce qu'elle savait au policier.

10

McPherson raccrocha le téléphone et, par la fenêtre de son bureau, regarda le soleil matinal, qui n'était plus pâle comme au point du jour mais dégageait une chaude lumière.

« C'était Ross, dit-il.

— Alors ? fit Morris.

— Benson est allé chez elle, mais il est parti et elle ne sait où il est. »

Morris poussa un soupir.

« Ce n'est pas notre jour de veine », dit McPherson. Il regardait toujours le soleil. « Je ne crois pas à la veine », dit-il, et se tournant vers Morris : « Et vous ?

— Comment dites-vous ? fit Morris qui était fatigué et n'avait pas très bien écouté.

— Croyez-vous à la veine ?

— Pour sûr, j'y crois. Tous les chirurgiens y croient.

— Moi, je n'y crois pas, répéta McPherson. Je n'y ai jamais cru. Je crois au planning. »

Il fit un geste indiquant les tableaux programmés qui étaient au mur, puis il se tut et les contempla.

Ces tableaux de cent trente à cent cinquante centimètres de long environ présentaient un enchevêtrement de lignes de couleur. Ils formaient réellement un magnifique ensemble de projets techniques. Il en était très fier. En 1967, par exemple, il avait examiné trois sujets — diagnostics, technologie chirurgicale, micro-électronique — et il en avait conclu qu'on pourrait envisager d'opérer un cas de lésion temporale en 1971. Ses prévisions avaient été devancées de quatre mois mais restaient exactes.

« Diablement exactes, dit-il.

— Comment ? » fit Morris.

McPherson hocha la tête.

« Vous êtes fatigué ? demanda-t-il.

— Oui.

— Nous sommes tous fatigués. Où est Ellis ?

— Il fait du café. »

McPherson eut envie d'un café lui aussi. Il se frotta les yeux en se demandant s'il arriverait à dormir. Pas tout de suite, pas avant que Benson soit revenu, ce qui demanderait sûrement plusieurs heures, peut-être une journée entière.

Il regarda encore une fois ses tableaux, ses programmes, ses courbes. Tout avait si bien marché. Les électrodes avaient été posées quatre mois avant la date programmée. La stimulation du comportement par l'ordinateur avait été réalisée près de neuf mois à l'avance... Mais là, il y avait des problèmes. Les programmes George et Martha marchaient assez mal. Et la formule Q ?

La formule Q ne verra peut-être jamais le jour, se disait-il, bien que ce fût le projet auquel il tenait le plus. La formule Q était inscrite pour 1979 avec application aux êtres humains en 1986. En 1986, il aurait soixante-quinze ans, mais cela lui importait peu. C'était l'idée, le principe en lui-même, qui le passionnait.

La formule Q devait être le résultat logique de tout le travail du service neuropsychiatrique. A l'origine on avait donné à ce projet le nom de Formule don Quichotte parce qu'elle paraissait impossible. Mais McPherson était certain qu'elle était réalisable, pour la raison qu'il la jugeait nécessaire. C'était une question de dimensions et une question de crédits.

Un ordinateur électronique moderne — c'est-à-dire un ordinateur IBM de la troisième génération — coûte plusieurs millions de dollars. Il exige une énorme puissance et n'a pourtant pas plus de circuits qu'un cerveau de fourmi. Pour fabriquer un ordinateur ayant la capacité d'un cerveau humain il faudrait un énorme gratte-ciel. Il consommerait une quantité d'énergie égale à celle d'une ville de cinq cent mille habitants.

Il est évident que pour faire un tel ordinateur il faudrait utiliser de nouvelles méthodes technologiques que McPherson imaginait déjà : l'emploi des tissus organiques.

La théorie était simple. Un ordinateur est composé comme le cerveau d'unités fonctionnelles, c'est-à-dire de cellules. Ces unités deviennent de plus en plus petites à mesure que se perfectionnent les techniques micro-électroniques.

Mais ces unités ne deviendront jamais aussi petites que la cellule nerveuse, le neurone. Un volume de deux centimètres cubes et demi peut contenir un milliard de cellules nerveuses. Aucune méthode de miniaturisation ne parviendra à réaliser cette économie de volume.

Par conséquent il faut faire des ordinateurs *avec* des cellules nerveuses vivantes. Il est déjà possible à l'heure actuelle d'isoler des cellules nerveuses dans des cultures de tissu et de les modifier de différentes manières. A l'avenir on arrivera certainement à leur donner un caractère de spécificité et à les relier ainsi entre elles.

Lorsqu'on aura obtenu ce résultat on pourra fabriquer un ordinateur ayant un volume de six mètres cubes qui contiendra des milliards de cellules nerveuses. Il n'exigera pas une puissance excessive, sa production de chaleur et ses déchets seront utilisables. Et ce sera, de loin, l'entité la plus intelligente de la planète.

Formule Q.

Nombre de laboratoires et de services de recherche aux États-Unis consacrent leurs efforts à ces travaux préliminaires.

Mais pour McPherson ce n'était pas l'idée d'un ordinateur organique super-intelligent qui l'exaltait le plus, mais l'idée de réaliser une prothèse organique pour le cerveau humain.

A partir du moment où l'on créera un ordinateur organique composé de cellules vivantes, on pourra envisager de l'implanter sur un être humain. On aura un homme qui possédera deux cerveaux.

McPherson se représentait difficilement les conséquences qui en résulteraient. Bien des problèmes se poseraient certainement — problèmes d'interférence, de localisation, de compétition entre le cerveau primitif et le cerveau implanté. Mais d'ici 1986 on aurait le temps de les résoudre. Après tout, en 1950, les gens se moquaient encore de ceux qui croyaient qu'on irait dans la Lune.

La formule Q n'était encore qu'une chimère mais elle serait réalisable si on avait les fonds nécessaires. Il avait cru qu'elle serait au point avant même que Benson quittât l'hôpital. Cela aurait tout changé.

Ellis passa la tête dans la porte du bureau.

« Quelqu'un veut-il du café ?

— Non, dit Morris. Je crois que je vais repasser quelques-unes des bandes magnétiques de Benson.

— Bonne idée », dit McPherson. En réalité il n'était pas pour. Mais, se disait-il, il faut que Morris s'occupe, qu'il fasse quelque chose, n'importe quoi.

Morris partit. Ellis partit et McPherson resta seul avec ses pensées et ses programmes multicolores.

11

Il était midi quand Ross en termina avec Anders. Le whisky l'avait calmée mais avait accru sa fatigue. A la fin, elle ne trouvait plus ses mots et perdait le fil de ses idées. Elle n'avait jamais été aussi lasse de sa vie. Intoxiquée de fatigue.

Anders, lui, restait alerte et vigilant.

« Où est Benson, à présent, où supposez-vous qu'il puisse être ? demandait-il.

— Il est impossible de le savoir. Après la crise — dans un état que nous appelons post-ictal — son comportement est imprévisible.

— Mais vous êtes son psychiatre, dit Anders. Vous le connaissez, vous devriez pouvoir vous faire une idée de ce qu'il fera ?

— Non », dit-elle. Mon Dieu, ne comprenait-il pas combien elle était fatiguée ? « Benson est dans un état anormal. Il est atteint de psychose, il n'est plus dans le monde réel, il reçoit des stimulations fréquentes et il a des crises fréquentes. Il est capable de faire n'importe quoi.

— Mais encore ? Dans cet état de trouble mental que fait-il ?

— Écoutez-moi, dit-elle. Ces questions que vous me posez ne servent absolument à rien. Je vous le répète, il est capable de faire *n'importe quoi*.

— Bien », dit Anders. Il lui jeta un bref coup d'œil et se mit à siroter son café.

Pourquoi n'abandonnait-il pas cette conversation ? Cet entêtement qu'il avait de vouloir dépister Benson était absolument vain et ridicule. D'ailleurs, tout le monde savait comment les choses allaient tourner. Benson serait découvert et recevrait un coup de revolver. Et tout serait dit. Benson lui-même avait dit...

Elle réfléchit. Qu'avait-il dit ? Elle ne se le rappelait pas exactement parce qu'elle avait été trop effrayée pour faire attention. Mais il avait parlé de la façon dont tout cela allait finir.

Anders se dirigea vers la fenêtre.

« Ici, nous sommes devant des impossibilités. Dans une autre ville, on aurait peut-être une chance de le retrouver, mais pas à Los Angeles. Pas sur une surface de cinq cents miles carrés. C'est plus grand que New York, Chicago, San Francisco, Philadelphie réunis. Le saviez-vous ?

— Non, répondit-elle distraitement.

— Il y a trop d'endroits où on peut se cacher, dit-il, et trop de façons de s'échapper, trop de routes, trop d'aéroports. S'il est malin, il est déjà parti. A Mexico ou au Canada.

— Il ne le fera pas, dit Ross.

— Alors, que fera-t-il ?

— Il reviendra à l'hôpital. »

Il y eut un instant de silence.

« Vous m'aviez dit que vous ne pouviez pas prévoir son comportement, dit Anders.

— C'est une impression, voilà tout.

— Nous ferions mieux d'aller à l'hôpital », dit-il.

Le service neurochirurgical ressemblait à un conseil de guerre. Toute visite aux malades avait été supprimée jusqu'au lundi ; seuls le personnel et la police étaient admis au quatrième étage. Mais tous ceux du service étaient présents, l'air terrifié à l'idée que leurs subventions et leurs postes soient menacés. Le téléphone sonnait sans discontinuer, des reporters entraient. McPherson était enfermé dans son bureau avec les administrateurs de l'hôpital. Ellis injuriait tous ceux qui s'approchaient de lui. Morris était introuvable, Gerhard et Richards essayaient en vain de libérer les lignes du téléphone pour projeter un programme sur un autre ordinateur.

Le service neurochirurgical offrait un spectacle de désordre et de bouleversement total — cendriers débordant de bouts de cigarettes, tasses à café sur le plancher, saucisses entamées, vestes et blouses jetées sur les chaises. Et les coups de téléphone retentissaient à la suite les uns des autres.

Ross était dans son bureau avec Anders.

Elle examinait le registre des crimes pour y chercher la description de Benson. Ses coordonnées avaient été établies par l'ordinateur et étaient relativement exactes : *cheveux noirs caucasiens — yeux bruns — âge : 34 ans — Signes particuliers : perruque — pansements sur le cou — soupçonné de porter un revolver — comportement anormal, récidive. Cause du crime : démence.*

Ross soupira.

« Il n'entre pas vraiment dans les catégories de l'ordinateur.

— C'est le cas pour tout le monde, dit Anders. Tout ce qu'on peut espérer c'est que ce portrait soit assez exact pour qu'on puisse l'identifier.

Nous faisons aussi circuler sa photographie. Nous en avons distribué des centaines.

— Qu'est-ce que nous faisons maintenant ?

— Nous attendons, dit-il. A moins que vous nous indiquiez un endroit où il pourrait se cacher. »

Elle fit un signe négatif de la tête.

« Alors, attendons. »

12

Une vaste salle au plafond bas, entièrement carrelée de blanc, brillamment éclairée par des lampes fluorescentes. Six tables d'acier chromé étaient alignées et chacune se prolongeait par un évier. Cinq de ces tables étaient vides ; le corps d'Angela Black gisait sur la sixième. Morris et deux pathologistes de la police, penchés sur le cadavre, procédaient à l'autopsie.

Morris avait fait nombre d'autopsies mais celles auxquelles il avait participé comme chirurgien avaient un caractère différent. Ici, les pathologistes passaient une demi-heure à examiner l'aspect extérieur du corps et prenaient des photographies avant de faire la première incision. Ils accordaient une grande attention à l'aspect extérieur des blessures et à ce qu'ils appelaient « l'étendue des lacérations ».

L'un des pathologistes expliqua que ces plaies avaient été faites par un objet émoussé qui n'avait pas coupé la peau mais l'avait d'abord fendue puis était entré en profondeur, légèrement au-dessous de la déchirure. Il fit aussi remarquer que des poils se trouvaient dans les blessures en divers endroits, ce qui prouvait bien que le criminel s'était servi d'un instrument émoussé.

« Quelle sorte d'instrument ? demanda Morris.

— Nous ne pouvons pas encore le savoir, dirent-ils. Il faut que nous examinions le fond des plaies. »

Il était difficile de juger du degré de pénétration, la peau étant élastique et les tissus sous-épidermiques restant extensibles avant et après la mort.

Morris était fatigué. Il souffrait des yeux. Au bout d'un moment il quitta la salle d'autopsie et alla au laboratoire de la police, tout proche, où le sac de la fille avait été vidé et le contenu exposé sur une grande table.

Ils étaient trois à faire cet inventaire : l'un identifiait les objets, un autre en prenait acte et le troisième les étiquetait. Morris les regardait en silence. La plupart de ces objets étaient tout à fait banals : rouge à lèvres, poudrier, clefs de voiture, portefeuille, mouchoirs en papier, chewing-gum, pilules contraceptives, carnet d'adresses, stylo à bille, fard, pinces à cheveux. Et deux boîtes d'allumettes.

« Les deux boîtes d'allumettes, dit l'un des flics, ont la marque de l'hôtel de l'aéroport Marina. »

Cet inventaire n'en finissait pas, l'autopsie non plus. Les policiers s'imaginaient-ils trouver quelque chose par ce moyen ? Cette besogne laborieuse, lente et inutile, était insupportable à Morris. Janet Ross eût bien reconnu là ce qu'elle appelait la maladie du chirurgien, ce besoin d'agir immédiatement, cette incapacité d'attendre avec patience. Un jour, à une conférence neurochirurgicale où il était question d'une femme que l'on considérait comme candidate à l'opération du troisième degré, Morris avait insisté pour la faire entrer en chirurgie. Ross lui avait alors reproché d'être impulsif. Fou de rage, sur le moment, il l'aurait tuée avec plaisir et sa rage ne s'apaisa pas lorsque Ellis ajouta de sa voix calme de clinicien qu'il estimait lui aussi que cette personne ne remplissait pas les conditions nécessaires pour être soumise à cette opération. Morris avait eu l'impression de subir une humiliation bien que McPherson eût ajouté, pour sa part, que cette malade était une candidate « possible ».

« Impulsif, se disait-il. De quoi Ross se mêlait-elle ? »

« L'aéroport Marina, hein ? Est-ce que ce n'est pas là que sont toutes les hôtesses ? dit l'un des flics.

— Je ne sais pas », fit l'autre.

Morris écoutait à peine. Il se frotta les yeux et eut envie de reprendre un café. Il y avait trente-six heures qu'il n'avait pas fermé l'œil et il sentait qu'il ne tiendrait plus longtemps.

Il quitta la salle de dissection et monta à l'étage supérieur à la recherche d'une machine à café. Il devait bien y en avoir une quelque part, les flics eux-mêmes boivent du café. Puis il s'arrêta, il frissonnait.

« L'aéroport Marina... ça me dit quelque chose. » C'était à l'aéroport Marina que Benson avait été arrêté et accusé d'avoir flanqué des coups à un mécanicien. A l'hôtel il y avait un bar, c'est là que la bagarre avait eu lieu.

Il regarda sa montre et fila au parking. Il se hâta pour arriver à l'aéroport avant l'heure d'affluence.

Un avion à réaction siffla au-dessus de sa tête et s'abaissa vers la piste d'atterrissage au moment où Morris sortait de l'autoroute pour prendre le boulevard de l'aéroport. Il passa devant des bars, des motels et des bureaux de location de voitures.

Sur la radio il entendit annoncer : autoroute de San Diego, un accident de camion ralentit la circulation sur trois pistes en direction du nord. D'après l'ordinateur on circule à douze miles à l'heure. Autoroute de San Bernardino, automobile embourbée sur la voie gauche au sud de la rampe d'accès d'Exeter. D'après l'ordinateur la circulation est de trente et un miles à l'heure.

Morris pensa à Benson. Les ordinateurs vont peut-être faire des hommes des esclaves. Il se rappelait un drôle de petit Anglais qui avait fait une conférence à l'hôpital ; il avait dit que bientôt les chirurgiens feraient leurs opérations sur un autre continent — qu'ils emploieraient des mains de robot, que les signaux seraient transmis par satellites. L'idée avait paru folle mais les chirurgiens, ses collègues, avaient frémi à cette perspective.

Autoroute Ventura, à l'ouest de Haskell, une collision entre deux voitures a ralenti la circulation. La projection de l'ordinateur indique dix-huit miles à l'heure.

Il s'aperçut qu'il écoutait attentivement les informations sur la circulation. Ordinateurs ou non, quand on vit à Los Angeles il est indispensable de se tenir au courant de ce qui se passe sur la route. On prend machinalement l'habitude d'écouter des émissions concernant le trafic routier, comme on écoute machinalement les prévisions météorologiques dans d'autres parties du pays.

Morris venait du Michigan quand il était arrivé en Californie. Pendant les premières semaines, il demandait aux gens quel temps il ferait le lendemain. Pour lui, c'était poser une question naturelle et c'était un moyen de faire connaissance. Mais ses interlocuteurs le regardaient, étonnés et embarrassés. Il comprit par la suite qu'il se trouvait dans un des seuls pays au monde où le temps ne présentait d'intérêt pour personne ; il ne changeait guère et on n'en parlait pas.

Mais l'automobile, c'était autre chose. Elle passionnait tout le monde et alimentait obligatoirement toutes les conversations. La marque de votre voiture, les garanties qu'elle présentait, ses inconvénients, les accidents que vous aviez eus, ces questions étaient toujours les bienvenues. A Los Angeles, tout ce qui concerne la voiture est affaire sérieuse et mérite le temps et l'attention qu'on lui consacre.

Il se rappelait, comme une preuve de l'idiotie de tout cela, qu'un astronome avait dit que si les Martiens voyaient Los Angeles ils concluraient probablement que l'automobile est la forme dominante de la vie dans cette région. Et, à certains égards, ils auraient raison.

Il se gara près de l'hôtel de l'aéroport Marina et entra dans le hall. Le bâtiment était aussi baroque que son nom et présentait ces mélanges bizarres qui sont propres à la Californie. Il ressemblait à une auberge japonaise faite de matière plastique et de néon. Il alla directement au bar qui était plongé dans l'obscurité et presque désert à cinq heures de l'après-midi. Deux hôtesses bavardaient dans un coin en prenant un verre, deux ou trois hommes d'affaires étaient assis au bar. Le barman avait le regard vide.

Morris s'installa au bar et montra la photographie de Benson au barman.

« Vous avez vu cet homme ?

— Qu'est-ce que vous prenez ? » dit le barman.

Morris tapota du doigt la photographie.

« Ici c'est un bar, nous servons de l'alcool. »

Morris éprouva une curieuse sensation, du même ordre que celle qu'il avait quand il commençait une opération ; il avait alors l'impression de jouer le rôle d'un chirurgien dans un film. Quelque chose de très théâtral. Il se voyait à présent avec les yeux d'un simple spectateur.

« Son nom est Benson, dit Morris. Je suis son médecin. Il est très malade.

— Qu'est-ce qu'il a ? »

Morris poussa un soupir qui en disait long.

« Vous le connaissez ?

— Bien sûr, je l'ai vu souvent. Harry, n'est-ce pas ?

— Oui, Harry Benson. Quand l'avez-vous vu pour la dernière fois ?

— Il y a une heure. Qu'est-ce qu'il a ?

— Il a des troubles cérébraux très graves. Il faut que nous le retrouvions. Savez-vous où il est allé ?

— Des troubles cérébraux ? Faut pas rigoler avec ça. »

Le barman examina attentivement la photographie à la lumière d'une enseigne au néon placée derrière le bar.

« C'est bien lui, mais il a teint ses cheveux en noir.

— Savez-vous où il est allé ?

— Il ne m'avait pas l'air malade. Êtes-vous sûr que...

— *Savez-vous où il est allé ?* »

Il y eut un long silence ; le barman paraissait vexé.

« Vous n'êtes pas médecin. Et maintenant fichez le camp », dit-il.

— J'ai besoin de votre aide, dit Morris. Il faut agir vite. » Il ouvrit son portefeuille, en sortit sa carte d'identité, ses reçus bancaires, tous les papiers qui attestaient qu'il avait bien le titre de docteur en médecine, et il les étala sur le comptoir.

Le barman n'y fit pas attention.

« La police le recherche, dit Morris.

— Je le savais, dit le barman. Je le savais.

— Et je peux amener des policiers ici pour m'aider à vous questionner. Et vous pourrez être accusé de complicité dans le crime. »

Morris se dit qu'il avait avancé là un bon argument ayant une résonnance dramatique.

Le barman prit une des cartes, la regarda puis la remit sur le comptoir. « Je ne sais rien, dit-il. Il vient de temps en temps, c'est tout.

— Où est-il allé aujourd'hui ?

— Je ne sais pas. Il est parti avec Joe.

— Qui est Joe ?

— Un mécanicien. Il travaille dans la dernière équipe des United.

— United Air Lines ?

— C'est ça, dit le barman. Mais dites donc, qu'est-ce que c'est... »

Morris était déjà parti.

Dans le hall de l'hôtel, il appela le service neuropsychiatrique et, par le standard, fut mis en communication avec le capitaine Anders.

« Ici Anders.

— Écoutez, c'est Morris. Je suis à l'aéroport. J'ai une piste. Il y a environ une heure, on a vu Benson au bar de l'hôtel de l'aéroport Marina. Il est parti avec un mécanicien qui s'appelle Joe et qui travaille à l'équipe de nuit des United Air Lines. »

Il y eut quelques secondes de silence. Morris entendit gratter un crayon.

« J'ai noté, dit Anders. Rien d'autre ?

— Non.

— Nos cars partent immédiatement. Vous pensez qu'il est aux hangars des United Air Lines ?

— Probablement.

— Nous arrivons immédiatement.

— Et au sujet de... »

Morris s'arrêta. Le récepteur était muet. Il réfléchit et essaya de prendre une décision. Que devait-il faire ? Maintenant, c'était l'affaire de la police. Benson était dangereux, il devait laisser la police s'en occuper.

Mais combien de temps les policiers mettraient-ils pour venir jusque-là ? Où se trouvait le commissariat le plus proche ? Inglewood ? ou Culver City ? Aux heures de pointe, même avec leurs sirènes, il leur faudrait vingt minutes, une demi-heure peut-être.

C'était trop long. Dans l'intervalle Benson pourrait s'enfuir. Il fallait l'avoir à l'œil, suivre sa trace. Ne pas intervenir, mais l'empêcher de s'échapper.

Un large écriteau portait ces mots : *Réservé au personnel chargé de la surveillance.* Au-dessous, se tenait un gardien. Morris s'arrêta et passa la tête à la portière de sa voiture.

« Je suis le docteur Morris. Je cherche Joe. »

Morris s'attendait à de longues explications, mais le gardien ne parut pas s'en soucier.

« Joe est passé il y a environ dix minutes. Il s'est pointé pour le hangar 7. »

Devant Morris, il y avait trois grands hangars d'avions, avec des parkings à l'arrière.

« Lequel est le 7 ?

— Au bout à gauche, dit le gardien. Je ne sais pas pourquoi il est allé là-bas, c'est peut-être pour son invité.

— Quel invité ?

— Il a signé pour un invité... un M. Benson, dit-il en consultant le tableau des entrées. Il l'a emmené au 7.

— Qu'est-ce qu'il y a au 7 ?

— Un DC 10 pour révision complète, ils attendent un nouveau moteur ; il y en a encore pour huit jours. Il voulait sans doute le lui montrer.

— Merci », dit Morris et il alla se garer près du hangar 7. Il sortit de sa voiture et s'arrêta. Benson était-il ou non dans le hangar ? C'est ce qu'il fallait savoir, sans quoi il aurait l'air idiot quand la police arriverait. Benson pourrait s'évader pendant qu'il serait là, à attendre dans ce parking.

Le mieux est de vérifier, se dit Morris. Jeune et en bonne condition physique, il n'avait pas peur. Certes ! il savait très bien que Benson était dangereux mais précisément cela lui permettait de se protéger. Benson était surtout dangereux pour ceux qui ne connaissaient pas le caractère redoutable de sa maladie.

Il se décida à jeter un coup d'œil rapide dans le hangar pour s'assurer de la présence de Benson. Le hangar était énorme et n'avait apparemment pas de portes, en dehors des ouvertures géantes par lesquelles passent les avions, et qui étaient actuellement fermées. Comment entrait-on ?

Il examina l'extérieur du bâtiment qui était construit en tôle ondulée et aperçut une porte tout au bout, à gauche. Il se dirigea vers cette porte, gara sa voiture et entra dans le hangar.

A l'intérieur régnait un silence total. Il faisait noir comme dans un four. Morris resta un instant sur le seuil et entendit un gémissement sourd. Il tâta le mur pour trouver un interrupteur. Ses mains inspectèrent prudemment un coffre d'acier muni de plusieurs gros boutons.

Les lampes s'allumèrent une à une, elles étaient placées très haut et projetèrent une très forte lumière. Au centre du hangar Morris vit un avion gigantesque étincelant sous les lumières.

Il entendit un autre gémissement. D'où venait-il ? Il ne voyait personne, tout était désert. Mais il y avait une échelle dressée contre l'aile la plus éloignée de lui. Il passa sous la queue luisante de l'avion. Le hangar sentait l'essence et la graisse. Il faisait chaud.

Il y eut un autre gémissement.

Il marcha plus vite, ses pas résonnaient à travers les profondeurs noires. Il lui sembla que les gémissements sortaient de l'intérieur de l'avion. Mais comment pouvait-il y entrer ? Il avait fait des douzaines de voyages aériens, on accédait toujours à la carlingue par une rampe. Mais ici, dans le hangar...

Il passa devant les deux moteurs à réaction, énormes cylindres avec leurs hélices noires à l'intérieur. Ces moteurs ne lui avaient jamais semblé aussi grands.

Encore un gémissement.

Il monta l'échelle. A deux mètres au-dessus du sol, il atteignit l'aile — une étendue argentée miroitante, sur laquelle les boulons formaient un savant pointillé. Il lut : marchez ici. Les lettres étaient éclaboussées de gouttes de sang. Morris leva la tête, à l'autre bout de l'aile un homme gisait couvert de sang. Morris s'approcha. Le visage était mutilé et le bras tordu, rejeté en arrière dans une pose affreuse et grotesque.

Il entendit un bruit derrière lui, se retourna. Et, brusquement, toutes les lumières du hangar s'éteignirent. Morris ne fit pas un geste.

Suspendu en l'air, dans une obscurité profonde et sans limite, il était complètement désorienté. Immobile, il retint son souffle et attendit.

Il n'y avait d'autre bruit que les plaintes du blessé. Sans savoir pourquoi Morris s'agenouilla, il se sentait un peu protégé par la surface métallique. Il était angoissé mais n'avait pas conscience d'avoir peur.

Alors il entendit un rire étouffé et il commença à s'effrayer.

« Benson ? »

Pas de réponse.

« Benson, vous êtes ici ? »

Pas de réponse, mais un bruit de pas sur le sol de ciment. Des pas réguliers, dont l'écho se répercutait doucement.

« Harry, c'est le docteur Morris. »

Morris cligna des yeux pour essayer de voir dans la nuit, mais en vain. Il ne distinguait rien, ni l'extrémité de l'aile, ni la silhouette du fuselage.

Les pas se rapprochaient.

« Harry, je veux vous aider. » Sa voix s'étranglait en parlant et communiquait certainement son effroi à Benson. Il prit donc le parti de se taire. Le cœur transi, haletant.

« Harry... »

Pas de réponse. Mais les pas s'arrêtèrent. Benson renonçait-il ou bien avait-il une stimulation ? Changeait-il d'avis ?

Tout proche, un craquement métallique. Puis un autre craquement.

Il grimpait à l'échelle.

Morris baignait dans une sueur froide. Il ne voyait toujours rien, absolument rien. Et il était si troublé qu'il ne se rendait plus compte de l'endroit où il se trouvait, sur l'aile ; l'échelle était-elle devant ou derrière lui ?

Nouveau bruit métallique.

D'où venait le son... de quelque part devant lui, à une distance d'un mètre cinquante à deux mètres — c'est-à-dire que Morris était face à la queue de l'avion, au bout de l'aile, devant l'échelle.

Un autre bruit métallique.

Combien de pas avait-il à franchir ? A peu près six. Benson allait être là, sur l'aile. Morris tâta ses poches, cherchant ce qu'il pouvait utiliser pour se défendre. Ses vêtements trempés de sueur lui collaient à la peau. Comme un éclair, l'idée lui traversa l'esprit que tout cela était ridicule, que Benson était le malade et que lui, Morris, était le médecin. Benson se rendrait forcément à la raison, ferait ce qui lui serait ordonné.

Plus proche un nouveau craquement.

Rapidement, Morris retira sa chaussure. La semelle est en caoutchouc, se dit-il, mais c'est mieux que rien. Il saisit fortement la chaussure et l'éleva au-dessus de sa tête, prêt à la lancer. Le visage du mécanicien ensanglanté et défiguré le poursuivait. Et tout à coup il comprit qu'il allait être obligé de frapper Benson, de le frapper très fort, de toutes ses forces.

Il allait devoir essayer de le tuer.

Les craquements avaient cessé mais il entendait un bruit de respiration. Puis, au loin, et se rapprochant rapidement, les sirènes. La police arrivait. Benson se sentant pris allait probablement se rendre.

Un nouveau craquement.

Benson redescendait l'échelle. Morris poussa un soupir de soulagement.

Un grincement bizarre se fit entendre et sous ses pieds il sentit branler l'aile. Benson n'était pas redescendu. Il avait sauté sur l'aile.

« Docteur Morris ? »

Morris était sur le point de répondre, mais se retint. Il comprit que Benson ne pouvait rien voir, lui non plus, il avait besoin d'une voix comme point de repère. Morris avala sa langue.

« Docteur Morris. Je voudrais que vous m'aidiez. »

De minute en minute les sirènes mugissaient plus fort. Morris eut un éclair d'espoir en pensant que Benson allait être arrêté. Le cauchemar prendrait fin rapidement.

« Je vous en prie, docteur Morris, aidez-moi. »

Peut-être est-il sincère, se dit Morris, et dans ce cas, en tant que médecin, mon devoir est de l'assister.

« Je vous en prie. »

Morris ne bougeait pas.

« Je suis ici, Harry, dit-il. Ne vous inquiétez pas, Harry, et... »

Quelque chose siffla dans l'air. Il sentit venir le coup avant d'être touché. Il éprouva une douleur atroce dans la bouche et dans la mâchoire, et fut projeté en arrière, sur l'aile de l'avion. La douleur était pire que tout ce qu'il avait ressenti jusqu'alors.

Il sombra dans l'obscurité. La distance n'était pas grande entre l'aile de l'avion et le sol ; mais, lorsqu'il tomba, elle lui parut interminable.

13

Janet Ross était au service des urgences et regardait dans la salle de soins par le panneau de verre. Rassemblées autour de Morris, six personnes s'occupaient de lui. Elle ne voyait guère que ses pieds. Il n'avait qu'une chaussure. Il y avait énormément de sang et tous ceux du service des urgences en étaient maculés.

Anders qui était à côté d'elle lui dit :

« Je n'ai pas besoin de vous faire part de mon opinion sur tout cela.

— Non, dit-elle.

— L'homme est terriblement dangereux. Morris aurait dû attendre l'arrivée de la police.

— Mais la police ne l'a pas attrapé », dit-elle, brusquement en colère. Anders ne comprend rien, se disait-elle. Il ne comprend pas que l'on se sente responsable d'un malade, que l'on veuille le soigner, le sauver.

« Morris, lui non plus, ne l'a pas pris, dit Anders.

— Pourquoi la police ne s'est-elle pas emparée de lui ?

— Benson avait filé quand ils sont arrivés au hangar. Il y a plusieurs sorties qui ne pouvaient être toutes gardées. Ils ont trouvé Morris sous l'aile de l'avion et le mécanicien au-dessus. Tous deux sérieusement atteints. »

La porte de la salle de soins s'ouvrit. Ellis en sortit, pas rasé, l'air hagard, le visage décomposé.

« Comment va-t-il ? demanda Ross.

— Ça va, dit Ellis. Il ne parlera pas beaucoup au cours des prochaines semaines, mais ça va. Ils l'emmènent en chirurgie maintenant, pour lui recoudre la mâchoire et lui arracher toutes les dents. » Et s'adressant à Anders : « A-t-on trouvé l'arme ?

— Un tuyau de plomb de soixante centimètres.

— Il a dû le recevoir en plein dans la bouche, dit Ellis. Enfin, heureusement il n'a avalé aucune de ses dents. Les bronches sont claires sur les films du poumon. » Entourant Janet de ses bras : « Ils l'en tireront, dit-il.

— Et l'autre ?

— Le mécanicien ? » Ellis hocha la tête. « Je ne voudrais pas parier qu'il s'en sortira. Le nez fracassé, l'os nasal enfoncé dans la substance cérébrale. Le liquide céphalo-rachidien coule par les narines. Il saigne beaucoup et il a un sérieux problème d'encéphalite.

— D'après vous, a-t-il des chances de guérir ?

— Il est en danger de mort.

— Bon », dit Anders et il partit.

Ross et Ellis quittèrent le service des urgences pour se diriger vers la cafétéria. Ellis entourait toujours de son bras les épaules de Ross.

« C'est une sale histoire, dit-il.

— Retrouvera-t-il vraiment la santé ?

— Bien sûr.

— Il était assez beau.

— Ils vont lui refaire une mâchoire. Et tout ira bien. »

Elle frissonna.

« Froid ?

— J'ai froid et je suis fatiguée, dit-elle, très fatiguée. »

Elle prit un café avec Ellis dans la cafétéria. Il était six heures trente et nombreux étaient ceux de l'équipe qui cassaient la croûte. Ellis mangeait lentement et ses gestes dénotaient une grande lassitude. « C'est drôle, dit-il.

— Quoi ?

— On m'a téléphoné du Minnesota, cet après-midi. Ils ont une chaire de neurologie à pourvoir. Ils m'ont demandé si cela m'intéressait. »

Elle ne répondit pas.

« C'est drôle, n'est-ce pas ?

— Non, dit-elle.

— Je leur ai dit que je ne voulais prendre aucune proposition en considération tant qu'on ne me flanquait pas à la porte, ici.

— Êtes-vous sûr que cela arrivera ?

— Pas vous ? » dit-il. Il donna un regard à tout le personnel en blanc qui était dans la cafétéria, infirmières, internes, assistants. « Je n'aime pas le Minnesota, dit-il, il y fait trop froid.

— Mais c'est une bonne faculté.

— Oh ! oui. Une très bonne faculté. » Il poussa un soupir. « Une excellente faculté. »

Il lui faisait de la peine, mais elle contenait son émotion. Après tout il avait fait lui-même son malheur, malgré les conseils qu'elle ne lui avait pas ménagés. Au cours des dernières vingt-quatre heures, elle s'était gardée de dire à qui que ce fût : Je vous l'avais bien dit, et même de se le répéter à elle-même. D'une part c'eût été absolument inutile, d'autre part cela n'eût pas contribué à améliorer l'état de Benson, et c'était là son souci principal.

Mais elle n'avait pas beaucoup de sympathie maintenant pour le brillant chirurgien. Les brillants chirurgiens risquent la vie des autres, non leur propre vie. Dans le pire des cas, ils perdent leur réputation.

« Je retourne au service neuropsychiatrique, dit-il, pour voir où ils en sont. Je vais vous dire quelque chose.

— Quoi ?

— J'espère bien qu'ils vont l'abattre », dit Ellis. Et il partit vers l'ascenseur.

L'opération commença à sept heures du soir. Du haut de la coupole vitrée elle vit arriver Morris dans son fauteuil roulant. Bendixon et Curtis étaient chargés de l'intervention, bons spécialistes de chirurgie plastique, l'un et l'autre. Personne n'était plus compétent qu'eux pour le remettre d'aplomb.

Lorsqu'on retira les tampons de gaze stérile elle vit à nu le visage de Morris, qui n'était plus qu'un lambeau de chair, et elle fut bouleversée. La partie supérieure était très pâle mais normale. Le bas formait une masse sanglante comparable à celles que l'on voit aux étals de boucherie. Il n'avait plus de bouche.

Ellis l'avait déjà vu dans la salle des urgences. Même de loin, Ross en avait le cœur chaviré.

Elle resta pendant qu'on recouvrait de linge son corps et sa tête. Les chirurgiens étaient en blouses et en gants ; les tables d'instruments, disposées autour d'eux. Les infirmières attendaient. Le rite chirurgical était exécuté impeccablement : régularité, efficacité. C'est merveilleux, se disait-elle, et si parfait que personne ne se douterait qu'ils vont opérer un collègue. Le rite, processus immuable, est l'anesthésique du chirurgien comme le sont les piqûres pour le patient.

Elle attendit encore un instant et partit.

14

En approchant du service neuropsychiatrique elle vit qu'Ellis était accaparé par un groupe de reporters, à l'extérieur du bâtiment. Il répondait à leurs questions avec une mauvaise humeur évidente. Le contrôle des mécanismes du cerveau était le terme qui revenait le plus souvent dans la conversation.

Se sentant légèrement coupable, elle passa par une entrée éloignée et prit l'ascenseur jusqu'au quatrième étage. Le contrôle des mécanismes du cerveau, ce mot la fit réfléchir. Les suppléments du dimanche ne manqueraient pas d'exploiter cette question. Et les sérieux éditoriaux des quotidiens, et ceux plus sérieux encore des journaux médicaux, allaient s'en donner à cœur joie sur les hasards et les dangers des recherches intempestives.

Le contrôle des mécanismes du cerveau. Quel problème ! Grand Dieu !

A la vérité, le cerveau de chacun subit une action de l'extérieur et tout le monde en est content. Les parents sont ceux qui ont le plus de pouvoir pour exercer cette action, et ce sont eux qui font le plus de dégâts. Les théoriciens oublient généralement qu'à la naissance l'enfant n'est ni névrosé ni retardé ; pour qu'il le devienne il faut l'y aider. Bien sûr, ce n'est pas intentionnellement que les parents font du tort à leurs enfants. Ils se contentent de leur inculquer ce qu'ils estiment importants et utiles pour leurs rejetons.

Les nouveau-nés sont de petits ordinateurs qui attendent d'être programmés. Et ils apprennent ce qu'on leur enseigne, les mauvaises règles de grammaire et les mauvaises attitudes. Comme les ordinateurs, ils manquent de discernement. Ils n'ont aucun moyen de distinguer les idées saines de celles qui ne le sont pas. L'analogie est absolument exacte. Le caractère puéril des ordinateurs est frappant. Par exemple si vous introduisez l'instruction suivante dans l'ordinateur : « Mettez vos souliers et vos chaussettes », il répondra certainement qu'on ne met pas de chaussettes sur les souliers.

Toute la programmation importante est terminée à l'âge de sept ans : les attitudes raciales, sexuelles, morales, religieuses, nationales. Le gyroscope est posé, les enfants sont lâchés et volent de leurs propres ailes en suivant leur voie prédéterminée.

Contrôle des mécanismes du cerveau.

Examinons par exemple une question aussi simple que celle des conventions sociales : les centaines de petites formalités nécessaires aux rapports des membres de la société. Si vous en supprimez une, n'importe laquelle, il en résultera une anxiété insupportable.

Les gens ont besoin que leur cerveau reçoive des influences, des instructions, des ordres. Ils en sont heureux et sans cela ils se trouveraient irrémédiablement perdus.

Mais qu'un groupe d'individus essaie de résoudre le plus grand problème de notre époque, celui de la violence incontrôlée, il soulève immédiatement un tollé général : contrôler les mécanismes du cerveau, quel scandale !

Est-il préférable d'exercer un contrôle ou de n'en pas exercer ?

Elle sortit de l'ascenseur au quatrième étage, passa devant des policiers dans le couloir et alla dans son bureau. Elle y trouva Anders qui raccrochait le téléphone, l'air mécontent.

« Nous venons d'avoir notre premier tuyau, dit-il.

— Ah ? » La curiosité dissipa son irritation.

« Oui, fit Anders, mais je veux bien être pendu si je comprends ce que cela veut dire.

— Qu'est-il arrivé ?

— Les photographies de Benson circulent en ville et quelqu'un l'a reconnu.

— Qui ?

— Un employé des Bâtiments, à l'hôtel de ville. Il y a vu Benson il y a dix jours. Les Bâtiments enregistrent toutes les caractéristiques des édifices publics construits dans les limites de la ville et appliquent certains règlements de construction. Benson y est allé pour vérifier certaines particularités concernant un bâtiment. Il voulait examiner des plans électriques. Il s'est présenté comme ingénieur électricien et a montré ses papiers.

— Les filles qui étaient chez lui m'ont dit qu'il avait emporté des projets photocopiés.

— Eh bien, il les a eus au service des Bâtiments.

— A quoi servent-ils ?

— A l'hôpital universitaire, dit Anders. Il possède le plan de tout le système électrique de l'hôpital.

— Que concluez-vous de tout cela ? »

Vers huit heures, elle dormait presque debout. Elle avait mal à la tête et souffrait beaucoup du cou. Elle comprit qu'elle n'avait plus le choix : si elle ne cédait pas au sommeil elle s'effondrerait, peut-être pour ne pas se relever.

« Si vous avez besoin de moi, je serai à l'étage », dit-elle à Anders et elle partit. Dans le corridor elle passa devant des policiers en uniforme, mais elle n'y faisait plus attention. Il lui semblait qu'ils avaient toujours été là.

Elle jeta un coup d'œil dans le bureau de McPherson. Assis à sa table, la tête dans les épaules, il dormait, le souffle court et inégal, comme dans un cauchemar. Elle ferma doucement la porte.

Elle croisa un infirmier qui portait des cendriers pleins et des tasses à café vides. C'est drôle, se dit-elle, de voir un infirmier faire ces travaux de nettoyage. Et ce spectacle fit naître en elle une pensée insolite qu'elle ne pouvait pas formuler.

Cette idée la harcelait mais elle finit par l'abandonner. Elle était fatiguée et n'avait pas l'esprit clair. Elle entra dans une des salles de traitement, ferma la porte et s'allongea sur un lit.

Elle s'endormit presque instantanément.

15

Dans le hall, Ellis, poussé à la fois par la vanité et par une curiosité morbide, se regardait lui-même aux informations de onze heures. Gerhard était là aussi, et Richards et le flic Anders.

Sur l'écran, Ellis louchait légèrement devant la caméra en répondant aux questions des reporters. Les micros étaient braqués sur son visage mais il lui parut qu'il avait gardé son calme et que ses réponses étaient sensées ; somme toute il était assez content de lui.

Les reporters l'interrogèrent sur l'opération qu'il expliqua brièvement mais clairement.

« Pourquoi avez-vous fait cette opération ? lui demanda-t-on.

— Le malade, répondit Ellis, souffre de crises de violence intermittentes. Il a une maladie organique du cerveau. Nous essayons d'y remédier. Nous essayons de faire échec à la violence. »

Personne ne peut contester le bien-fondé de cette réponse, se dit-il, et McPherson lui-même en serait satisfait.

« Est-il fréquent que la maladie du cerveau entraîne la violence ?

— Nous ne savons pas si ces deux faits s'associent fréquemment, dit Ellis. Nous ignorons même le nombre d'individus dont le cerveau est atteint. Mais, selon les rapports les plus sérieux, dix millions d'Américains ont le cerveau gravement atteint et cinq millions ont des troubles cérébraux plus bénins.

— Quinze millions ? dit un reporter, soit une personne sur treize. »

Il a l'esprit vif, se dit Ellis.

« Environ, répondit-il sur l'écran. Deux millions et demi d'individus sont atteints de paralysie cérébrale. Deux millions de maladies convulsives, y compris des épileptiques. Six millions de retardés mentaux et probablement deux millions et demi de troubles moteurs.

— Et tous ces individus sont violents ?

— Non, certainement pas. La plupart sont paisibles. Mais si l'on examine un groupe de sujets violents, on trouvera une proportion inhabituellement importante de lésions cérébrales, des lésions organiques. Et nous pensons que ces lésions cérébrales sont très souvent génératrices de violence. Ceci contredit nombre de théories sur la pauvreté, la discrimination et l'injustice sociale. Ces facteurs contribuent, bien entendu, à la violence ; mais le facteur principal réside dans les anomalies physiologiques du cerveau. Et on ne peut guérir ces anomalies physiologiques par des remèdes sociaux. »

Les reporters cessèrent de lui poser des questions. Ellis se rappelait qu'il avait apprécié ce répit. Il avait mené le jeu et gagné la partie.

« Quand vous parlez de violence...

— Je veux dire, reprit Ellis, des crises de violence sans provocation d'individus isolés. Aujourd'hui la violence est le plus grand problème mondial. Un problème énorme dans ce pays. En 1969, le nombre d'Américains attaqués ou tués aux États-Unis dépassait celui des tués et blessés pendant toutes les années que dura la guerre du Viêtnam. Je peux vous donner des précisions... »

Les reporters prenaient des notes à toute vitesse.

« Nous avons eu 14 500 meurtres, 36 500 viols et 306 500 cas d'agressions. Sans parler des accidents de la route, et vous savez que l'automobile donne lieu aussi à des accès de violence. Il y eut 56 000 morts en auto et trois millions de blessés. »

« Vous avez toujours été fort en arithmétique, dit Gerhard.

— L'émission est bonne, n'est-ce pas ? dit Ellis.

— Oui. Mais vous avez un air qui n'inspire pas confiance.

— C'est mon air naturel. »

Gerhard sourit.

Sur l'écran, un reporter disait :

« Et vous pensez que ces chiffres sont révélateurs de maladies cérébrales organiques ?

— En grande partie, dit Ellis. L'un des indices de la maladie cérébrale est la violence à répétition. Nous avons des exemples célèbres. Charles Whitman, qui a tué dix-sept personnes au Texas, avait une tumeur maligne au cerveau. Pendant des semaines il répéta à son psychiatre que souvent l'envie lui prenait de tirer sur les gens. Richard Speck fut mêlé à de nombreuses rixes avant d'assassiner huit infirmières. Lee Harvey Oswald a attaqué des tas de gens — y compris sa femme à plusieurs reprises. Ces exemples sont connus mais il se produit chaque année 520 000 cas dont on ne parle pas. Nous essayons par la chirurgie de corriger ces actes de violence. Je ne pense pas que ce soit là quelque chose de répréhensible. Il me semble au contraire que nous poursuivons une tâche hautement importante et qui n'est pas sans noblesse.

— Mais n'est-ce pas cela le contrôle des mécanismes du cerveau ?

— Comment appelez-vous l'enseignement obligatoire des classes secondaires ? demanda Ellis.

— L'enseignement », dit le reporter.

L'interview se termina sur ces mots. Ellis se leva, mécontent.

« J'ai l'air d'un imbécile, dit-il.

— Mais non », dit Anders, le policier.

SAMEDI 13 MARS 1971

Fin

1

Brisée, assommée par la brutalité des coups, elle se retournait dans tous les sens et gémissait.

« Viens, dit Gerhard en la secouant. Réveille-toi, Janet. » Elle ouvrit les yeux. Dans l'obscurité de la pièce quelqu'un se penchait sur elle.

« Viens, viens, réveille-toi. »

Elle bâilla. Le mouvement qu'elle fit provoqua une vive douleur du cou.

« Qu'y a-t-il ?

— Le téléphone, pour toi. C'est Benson. »

Le choc la fit tressauter, elle se réveilla plus vite qu'elle ne l'eût cru possible. Gerhard l'aida à se lever et elle secoua la tête pour revenir à elle. Elle souffrait affreusement et tout son corps était endolori, mais elle n'y prit pas garde.

« Où ?

— Au service électronique. »

Elle alla dans le corridor, clignant des yeux à la lumière. Les flics étaient toujours là, mais fatigués à présent, ils avaient le regard terne, le visage avachi. Elle suivit Gerhard au service électronique.

Richards lui tendit le téléphone.

« La voici », dit-il.

Elle prit le récepteur.

« Allô ! Harry ? »

Au bout de la salle, Anders écoutait la conversation sur un autre appareil.

« Je ne me sens pas bien, dit Harry Benson. Je veux en finir, docteur Ross.

— Qu'y a-t-il, Harry ? » Elle entendait la voix épuisée aux intonations lentes et légèrement puériles. Que dirait un de ces rats après vingt-quatre heures de stimulations électriques ?

« Ça ne marche pas très bien, je suis fatigué.

— Nous vous aiderons, dit-elle.

— Ce sont les sensations, dit Benson. Elles me fatiguent maintenant. C'est tout. Je veux qu'elles s'arrêtent.

— Il faut nous laisser vous aider, Harry.

— Je ne crois pas que vous le pourrez.

— Ayez confiance en nous, Harry. »

Il y eut un long silence. Anders regarda Ross, à travers la salle. Elle haussa les épaules.

« Harry ? dit-elle.

— Je voudrais que vous ne m'ayez jamais fait cela », dit Benson.

Anders regarda sa montre.

« Fait quoi ?

— L'opération.

— Nous vous remettrons sur pied, Harry.

— Je veux me rétablir moi-même », dit-il. Sa voix avait quelque chose d'enfantin. « Je voulais arracher les fils électriques.

— Avez-vous essayé ? dit Ross avec inquiétude.

— J'ai voulu arracher les pansements mais cela m'a fait trop mal. Je n'aime pas avoir mal. »

Il était vraiment très puéril. Elle se demanda si cette régression était un phénomène spécifique ou le résultat de la peur et de la fatigue.

« Vous avez bien fait de ne pas les enlever.

— Mais il faut bien que je fasse *quelque chose*, dit Benson. Je veux arrêter ces sensations. Je vais régler l'ordinateur.

— Harry, vous ne pouvez pas faire cela. C'est nous qui devons nous en occuper.

— Non, je vais le régler.

— Harry, dit-elle d'une voix douce et maternelle, Harry, je vous en prie, faites-nous confiance. »

Il n'y eut pas de réponse. Un bruit de respiration à l'autre bout de la ligne. Autour d'elle, des visages tendus, on attendait des explications.

« Harry, je vous en prie, faites-nous confiance juste cette fois-ci. Et tout ira bien.

— Vous m'avez déjà menti, dit-il d'une voix irritée.

— Non, Harry. Vous vous trompez. Et si vous venez ici maintenant, tout ira bien. »

Puis il y eut un long silence et un soupir.

« Je regrette, dit Benson ; mais je sais comment tout cela finira. Je suis obligé de régler l'ordinateur moi-même.

— Harry... »

Il y eut un déclic et le bourdonnement de l'appareil qui n'était plus en liaison. Ross raccrocha. Anders appela immédiatement la compagnie du téléphone pour leur demander de chercher à savoir d'où venait cet appel. « C'est la raison pour laquelle il a regardé l'heure à sa montre », se dit Ross.

« Bon Dieu ! dit Anders en replaçant brutalement l'écouteur. Ils n'ont pas le moindre indice. Ils ne sont même pas capables de repérer l'endroit d'où est partie cette communication. Quels idiots ! »

Il s'assit en face de Ross.

« Il se conduit exactement comme un enfant, dit-elle, hochant la tête avec compassion.

— Quand il parle de régler l'ordinateur, que veut-il dire ?

— Je suppose qu'il veut arracher les fils électriques qui sont fixés à son épaule.

— Mais n'a-t-il pas dit qu'il avait essayé ?

— Il l'a fait ou ne l'a pas fait, dit-elle. Il confond tout, il est dans le brouillard, sous l'influence de toutes les stimulations et de toutes les crises.

— Lui est-il matériellement possible d'enlever les fils et l'ordinateur ?

— Oui, dit-elle. Du moins les singes y parviennent. » Elle se frotta les yeux. « Y a-t-il du café ? »

Gerhard lui versa une tasse de café.

« Pauvre Harry, dit-elle, il doit être terrifié.

— Pensez-vous qu'il soit vraiment dans le cirage ?

— J'en suis persuadée. » Elle but une gorgée de café.

« Croyez-vous qu'il puisse confondre les ordinateurs ? demanda Anders.

— Je ne comprends pas ce que vous voulez dire, dit-elle.

— Il avait les plans de tout le système électrique de l'hôpital, dit Anders. L'ordinateur principal auquel on a eu recours pour l'opération se trouve dans le sous-sol de l'hôpital. »

Elle posa sa tasse de café et le regarda fixement. Puis elle fronça les sourcils, se frotta les yeux, prit sa tasse, et la reposa aussitôt.

« Je ne sais pas, dit-elle finalement.

— Les pathologistes ont téléphoné pendant que vous dormiez, dit Anders. Ils ont établi que Benson a frappé la danseuse à coups de tournevis. Il a attaqué le mécanicien et il a attaqué Morris. Il s'en prend aux machines et à ceux qui sont en rapport avec les machines. Dans son esprit, Morris était lié à l'appareillage qui lui a été implanté. »

Elle esquissa un sourire :
« C'est moi le psychiatre, ici.
— Je demandais simplement. Est-ce que c'est possible...
— Bien sûr, c'est possible. »
Le téléphone sonna à nouveau. Ross répondit : « Service neuropsychiatrique.
— Ici, liaison avec le *Pacific Telephone*, dit une voix d'homme.
— Nous avons revérifié la piste indiquée. Le capitaine Anders est-il là ?
— Une seconde. » Elle fit un signe à Anders qui prit le récepteur.
« Ici Anders. » Il y eut un long silence, puis il dit : « Veuillez répéter, s'il vous plaît. » Tout en écoutant, il hochait la tête. « A quelle heure avez-vous fait votre vérification ? Entendu, merci. »
Il raccrocha et composa immédiatement un autre numéro sur le cadran.
« Mettez-moi donc au courant de cette histoire de pile atomique, demanda-t-il à Ross.
— Que voulez-vous que je vous dise ?
— Je voudrais savoir ce qui arrive si les fils sont rompus », dit Anders, puis il prit la communication qu'il avait demandée.
« L'équipe des explosifs ? Ici Anders, de la brigade criminelle. »
Il se tourna vers Ross, qui lui dit :
« Il promène trente-sept milligrammes de plutonium radio-actif, Pu-239. Si cette charge explose, tous ceux qui seront autour de lui auront de sérieuses radiations.
— Quelles sont les particules émises ? »
Elle le regarda, surprise.
« Eh bien, oui, figurez-vous que je suis allé à l'université, dit-il, et que je sais même lire et écrire, quand c'est nécessaire. Ça vous étonne ?

— Les particules alpha », dit-elle.

Anders reprit le téléphone : « Anders, de la brigade criminelle. Envoyez immédiatement un car à l'hôpital universitaire. Nous courons le risque d'une émission de radiations. Les hommes et l'environnement peuvent être contaminés par un émetteur alpha, Pu-239. » Il regarda Ross : « Y a-t-il possibilité d'explosion ?

— Non », dit-elle.

« Pas d'explosion », dit Anders. Il écoutait. « Très bien, dit-il. Je comprends. Débrouillez-vous pour les envoyer le plus rapidement possible. »

Il raccrocha.

« Voulez-vous me dire ce qui se passe ? demanda Ross.

— La compagnie du téléphone a vérifié la communication de Benson, dit Anders. Elle a établi qu'il n'y avait eu aucun appel de l'extérieur pour le service de neurochirurgie au moment où Benson a appelé. »

Ross sourcilla.

« C'est bien ce que je pensais, dit Anders. Il a certainement téléphoné de l'intérieur de l'hôpital. »

De la fenêtre du quatrième étage, Ross regardait le parking où Anders donnait des ordres à une vingtaine de policiers. La moitié d'entre eux entrèrent dans le bâtiment principal de l'hôpital, les autres restèrent dehors, par petits groupes ; ils parlaient tranquillement ensemble en fumant des cigarettes. Puis un car de police surgit dans un grondement de tonnerre, trois hommes en vêtements gris métallique en sortirent d'un pas lourd. Anders leur dit quelques mots, hocha la tête et resta près du car pour déballer un équipement très bizarre.

Il retourna ensuite au service neuropsychiatrique. A côté de Ross, Gerhard regardait les préparatifs.

« Benson ne s'en tirera pas, dit-il.

— Je sais, dit-elle. Je me demande comment on pourrait le désarmer, ou l'immobiliser. Pourrions-nous faire un émetteur portatif à micro-ondes ?

— J'y ai pensé, dit Gerhard. Mais ce n'est pas prudent. On ne peut pas prévoir les effets qu'il aurait sur l'appareil de Benson. En outre, cela sèmerait la panique parmi les *pace-makers* de tous les cardiaques de l'hôpital.

— Ne peut-on rien faire ? »

Gerhard secoua négativement la tête.

« Il doit pourtant y avoir un *moyen* », dit-elle.

Encore une fois il fit non de la tête.

« Sans compter, dit-il, que le milieu incorporé prend rapidement l'ascendant.

— Théoriquement. »

Gerhard haussa les épaules.

Le milieu incorporé était une des notions chères à l'équipe du service neuropsychiatrique. C'était une idée simple qui avait des conséquences profondes. Elle avait commencé par le principe suivant : le cerveau est influencé par le milieu extérieur ; celui-ci fournit des expériences qui deviennent souvenirs, attitudes et habitudes, et qui se transmettent par les voies neurales jusqu'aux cellules nerveuses cérébrales. Ces voies neurales réagissent chimiquement ou électriquement. De même que le corps d'un ouvrier se modifie selon le travail qu'il fait, le cerveau d'un individu se modifie d'après les expériences passées. Mais comme les callosités des mains d'un travailleur, ces modifications subsistent une fois l'expérience passée.

Le cerveau conserve par conséquent des milieux extérieurs du passé. Il emmagasine la totalité de nos expériences passées, bien longtemps après qu'elles ont eu lieu. Cela signifie que la cause et la guérison sont deux choses distinctes. Les troubles du comportement peuvent provenir des expériences de l'enfance, mais on ne peut pas guérir ces troubles en examinant la cause, parce que la cause a disparu à l'âge adulte. Comme ceux de l'équipe aimaient à le dire : On peut allumer un feu avec une allumette mais quand le feu est pris on ne l'éteint pas en enlevant l'allumette. Ce n'est plus un problème d'allumette mais un problème de feu.

Quant à Benson il avait reçu pendant plus de vingt-quatre heures d'intenses stimulations de son ordinateur implanté. Ces stimulations lui avaient apporté de nouvelles expériences et de nouveaux désirs. Un nouveau milieu s'était introduit dans son cerveau. On ne pouvait prévoir comment il allait réagir. Car ce n'etait plus le cerveau primitif de Benson, mais un cerveau nouveau, produit des nouvelles expériences.

Anders entra.

« Nous sommes prêts, dit-il.

— Je m'en aperçois.

— Nous plaçons deux hommes devant chacune des portes du sous-sol, deux à la porte d'entrée, deux au service des urgences et deux à chacun des trois ascenseurs. J'ai éloigné mes hommes des étages où sont les malades pour éviter d'y créer de l'agitation. »

C'est une attention de sa part, pensa Ross, mais elle ne dit rien.

Anders regarda sa montre.

« Minuit quarante, dit-il. Il faudrait qu'on me montre l'ordinateur principal.

— Il est au sous-sol, dit-elle, là-bas », et d'un signe de tête elle indiqua le bâtiment.

« Voulez-vous m'indiquer le chemin ?

— Oui, bien sûr », dit-elle avec indifférence. Consciente d'être prise avec d'autres dans un processus inexorable résultant de décisions antérieures, elle n'avait plus d'illusions quant à l'influence qu'elle pouvait exercer sur les événements. Il arrivera ce qui doit arriver, se disait-elle.

Elle traversa le corridor avec Anders et pensa tout à coup et presque malgré elle à Mrs. Crail. Emily Crail avait été sa première malade, lorsqu'elle était assistante de psychiatrie, il y avait longtemps de cela. C'était une femme d'une cinquantaine d'années, qui avait de grands enfants et un mari qui la délaissait. Elle était très déprimée et suicidaire. Janet Ross avait pris à cœur le cas de cette malade dont elle se sentait personnellement responsable. Jeune et enthousiaste elle avait lutté contre les impulsions morbides de Mrs Crail comme un général sur le champ de bataille, rassemblé ses ressources, et inventé des plans stratégiques. Elle avait soigné Mrs. Crail au cours de deux tentatives de suicide.

Puis elle avait fini par se dire que sa propre énergie, son adresse et sa compétence avaient des limites. Mrs. Crail ne faisait pas de progrès, elle avait recours à des ruses machiavéliques pour tenter de se suicider et finalement elle se donna la mort. Mais Ross, à ce moment-là, s'était heureusement détachée de sa malade.

Comme elle était, à présent, détachée de Benson.

Arrivés à l'extrémité du corridor, ils entendirent Gerhard crier du service électronique :

« Janet ! Janet ! Tu es encore là ? »

Ross retourna au service électronique, Anders la suivit avec curiosité. Dans la salle, les lumières de l'ordinateur clignotaient.

« Regarde », fit Gerhard, indiquant l'ordinateur :
Programme courant terminé
Changement de programme
Dans 05 04 03 02 01 00
Changement de programme.

« L'ordinateur principal donne un nouveau programme, dit Gerhard.

— Qu'est-ce que cela signifie ?

— Nous n'avons pas donné d'ordres à la machine pour cela.

— Quel est ce nouveau programme ?

— Je ne sais pas, dit Gerhard. Nous n'avons pas introduit de changement. »

Ross et Anders regardaient l'ordinateur.

Nouveau programme.

Et ce fut tout. Plus une lettre sur l'écran.

« Qu'est-ce que cela veut dire ? dit Anders.

— Je ne sais pas, dit Gerhard. Avec cette technique du *time-sharing* c'est peut-être un autre programme qui annule le nôtre ; mais cela ne devrait pas être possible. Nous nous sommes réservé la priorité au cours des douze dernières heures. Notre émission finale devait être la seule à pouvoir exécuter un changement de programme. »

De nouvelles lettres brillèrent sur l'écran.

Nouveau programme indique mauvais fonctionnement de la machine. Toute programmation terminée terminée terminée terminée terminée terminée terminée

« Quoi ? » dit Gerhard. Il se mit à pousser des boutons puis il y renonça. « Il n'accepte plus de nouvelles instructions.

— Pourquoi ?

— Il doit y avoir un dérangement dans l'ordinateur principal qui est au sous-sol. »

Ross lança un regard à Anders.

« Vous feriez bien de me montrer cet ordinateur », lui dit le policier.

Puis, tandis qu'ils regardaient, toutes les lumières vacillèrent et s'éteignirent ; l'écran se rétrécit et bientôt ne fut plus qu'un point blanc. Le téléscripteur cessa de fonctionner.

« L'ordinateur s'est éteint lui-même, dit Gerhard.

— On l'y a probablement aidé », dit Anders.

Il se dirigea avec Ross vers les ascenseurs.

La soirée était humide et froide. Ils traversèrent rapidement le parking pour atteindre le bâtiment principal. Anders vérifia son revolver à la lumière des phares.

« Il faut que vous sachiez une chose, dit-elle. Cela ne sert à rien de le menacer avec cet objet. Il ne réagira pas avec bon sens. »

Anders sourit.

« Parce que cet homme est une machine ?

— S'il est en crise, il ne le verra même pas, ne se rendra compte ni de l'avertissement ni du danger. »

Ils entrèrent à l'hôpital par la grande porte brillamment éclairée et passèrent derrière l'ascenseur central.

« Où se trouve placée la pile atomique ?

— Sous la peau de son épaule gauche.

— Où exactement ?

— Ici, dit-elle, en traçant un rectangle sur sa propre épaule.

— De cette dimension ?

— Oui, de la grandeur d'un paquet de cigarettes.

— Bien », fit Anders.

Dans l'ascenseur qu'ils prirent pour descendre au sous-sol, deux policiers se tenaient raides, l'air agité, la main au revolver.

Anders, montrant son arme, leur dit.

« Avez-vous jamais tiré avec ce modèle-ci ?

— Non.
— Jamais ?
— Non. »

Après, il ne dit plus rien. Les portes de l'ascenseur s'ouvrirent. Il faisait frais au sous-sol ; ils regardèrent le long couloir qui s'étendait devant eux — murs de ciment nu, tuyaux qui couraient le long du plafond, lumière électrique crue. Les portes se refermèrent derrière eux.

Ils restèrent un instant à écouter. On n'entendait rien que le bourdonnement éloigné de la génératrice d'électricité. A voix basse Anders dit :

« Y a-t-il quelqu'un au sous-sol la nuit ? »

Elle fit oui de la tête :

« Le personnel chargé de la surveillance, parfois les pathologistes.

— Les laboratoires de pathologie sont ici, en bas ?

— Oui.

— Où est l'ordinateur ?

— De ce côté. »

Elle le conduisit à travers le corridor. Droit devant eux se trouvait la blanchisserie. Elle était fermée pour la nuit, mais devant la porte d'énormes ballots de linge étaient entassés sur des chariots. Anders les examina précautionneusement avant d'entrer dans les cuisines.

Les cuisines aussi étaient vides, mais les lampes étaient allumées et éclairaient une enfilade de pièces carrelées de blanc où s'alignaient des rangées de tables d'acier chromé.

« Nous avons pris un raccourci », dit-elle. Leurs pas résonnaient sur le sol. Anders marchait en tenant devant lui son revolver.

Ils traversèrent la cuisine puis un autre corridor. Anders l'interrogeait du regard ; il était complètement perdu. Elle se rappelait qu'elle avait mis des mois à apprendre à circuler dans ce sous-sol.

« Tournez à droite », dit-elle.

Ils passèrent devant un écriteau : *Les employés sont priés de faire part de tout accident à leur surveillant.* Plus loin, un autre écriteau : *Si vous avez besoin d'un prêt consultez votre syndicat.*

Ils tournèrent à droite et arrivèrent devant des appareils distributeurs : café, sandwiches, bonbons. Elle se rappelait ses années d'internat où, lorsqu'elle était de garde la nuit, elle descendait pour se restaurer à des heures tardives. En ce temps-là, l'idée d'être un jour médecin la comblait de joie et d'espérance. Elle songeait aux grands progrès qui étaient en marche, auxquels elle allait participer.

Anders s'arrêta pour examiner les distributeurs automatiques.

« Regardez », murmura-t-il.

Toutes les machines avaient été brisées : bonbons et sandwiches enveloppés de cellophane étaient répandus sur le sol, parmi des flaques de café.

Anders pataugea dans ce gâchis et passa la main sur les appareils bosselés et déchiquetés.

« On dirait des coups de hache, dit-il, où diable a-t-il pu trouver cet outil ?

— Dans les postes d'extincteurs d'incendie.

— La hache n'est pas ici », dit-il en la regardant.

Elle ne répondit rien. Ils poursuivirent leur chemin et arrivèrent devant des tunnels.

« Où allons-nous maintenant ?

— A gauche, dit-elle. Nous approchons. »

Devant eux il y avait un tournant, Ross savait que les archives de l'hôpital se trouvaient là, au coin, et, tout à côté, l'ordinateur. Celui-ci avait été placé près des archives parce qu'on envisageait de transmettre tous les rapports de l'hôpital au contrôle électronique.

Tout à coup Anders se figea sur place. Elle s'arrêta et tendit l'oreille. Ils entendaient des pas et une voix qui fredonnait.

Anders mit un doit à ses lèvres et fit signe à Ross de ne pas bouger. Il s'avança doucement dans le corridor. Le chantonnement devint plus distinct. Il s'arrêta et regarda avec précaution. Ross retenait son souffle.

« Hé ! là ! » cria une voix d'homme. Anders allongea le bras dans un mouvement de reptation rapide, un homme roula par terre et vint glisser dans le corridor aux pieds de Ross. Celle-ci reconnut un vieil employé du service de l'entretien.

« Qu'est-ce...

— Chut ! » fit-elle. Et elle l'aida à se relever.

Anders revint en arrière.

« Ne quittez pas le sous-sol, dit-il à l'homme. Allez attendre à la cuisine. *N'essayez surtout pas de partir* », ordonna-t-il d'une voix autoritaire et rude.

Ross comprenait pourquoi il parlait ainsi. Quiconque essaierait de quitter le sous-sol risquait de recevoir un coup de revolver des policiers qui faisaient le guet.

Le type, effrayé, ne comprenait rien.

« N'ayez pas peur, dit Ross.

— J'ai rien fait.

— Il y a un homme ici, en bas, et il faut que nous le trouvions, dit Ross. Attendez que nous ayons fini.

— Restez dans la cuisine », répéta Anders.

L'homme opina du bonnet, tapota ses vêtements et s'en alla. Il se retourna une fois en maugréant. Ross et Anders continuèrent à parcourir le corridor, tournèrent à un angle et arrivèrent devant la section Archives où un grand écriteau au mur indiquait : *Dossiers des malades.*

Anders interrogea Ross du regard. Elle répondit d'un signe de tête et ils entrèrent.

C'était une pièce immense qui ressemblait à une vaste bibliothèque, où les dossiers des malades étaient entassés sur des étagères allant du plancher jusqu'au plafond. Anders s'arrêta, stupéfait.

« Quelle comptabilité ! dit-il. Est-ce que tous les malades qui sont passés par l'hôpital ont leur histoire ici ?

— Non, dit-elle. Seulement ceux que nous avons soignés depuis cinq ans. Nous conservons les autres dans un entrepôt.

— Mon Dieu ! »

Ils suivirent en silence les rangées d'étagère, Anders marchait en tête avec son revolver. Il s'arrêtait de temps en temps pour scruter entre les étagères un passage qui ouvrait sur un autre corridor. Ils ne virent absolument personne.

« Y a-t-il quelqu'un de garde ici ?

— En principe il devrait y avoir quelqu'un. »

Elle examinait les dossiers. Cette salle des archives l'avait toujours impressionnée. En tant que praticien elle avait eu affaire à un grand nombre de malades. Elle en avait soigné et suivi des centaines et en avait vu passer des milliers en consultation. Mais les dossiers de l'hôpital se comptaient par millions — et cela dans un seul hôpital, dans une seule ville. Des millions et des millions de malades.

« A la police nous avons quelque chose qui ressemble à cela, dit Anders. Vous perdez quelquefois des dossiers ?

— Tout le temps.

— Nous aussi », fit-il en soupirant.

A ce moment survint une toute jeune fille de quinze à seize ans. Elle portait une pile de dossiers dans ses bras. Anders brandit immédiatement son revolver. Elle regarda, laissa tomber son fardeau et se mit à hurler.

« *Taisez-vous* », dit Anders d'une voix étouffée et sifflante. Les cris cessèrent immédiatement et furent suivis de murmures plaintifs. La gamine avait les yeux écarquillés, hagards.

« Je suis un policier », dit Anders. Il sortit son portefeuille pour lui montrer son insigne. « Avez-vous vu quelqu'un par ici ?

— Quelqu'un ?

— Oui, cet homme », et il lui montra la photographie.

Elle la regarda et secoua la tête.

« Vous êtes sûre ?

— Oui... c'est-à-dire, non, je crois...

— Je pense que nous devrions nous diriger vers l'ordinateur », dit Ross. Elle était en quelque sorte gênée d'effrayer cette gamine. L'hôpital prenait des élèves de lycée pour faire des travaux d'écriture aux archives et les payait assez mal.

Ross se rappelait avoir eu peur au même âge. Pendant qu'elle se promenait dans les bois avec un garçon ils avaient vu un serpent, son camarade lui avait dit que c'était un serpent à sonnettes et elle avait été terrifiée. Beaucoup plus tard, elle avait appris qu'il s'était amusé à la taquiner et que le serpent était inoffensif. Mais elle lui en avait voulu.

« Très bien, dit Anders. Pour l'ordinateur, par où passons-nous ? »

Ross lui montra le chemin. Anders se retourna pour revenir vers la jeune fille qui ramassait ses dossiers.

« Écoutez, dit-il, si vous voyez cet homme, ne lui

parlez pas. Ne faites rien, mais poussez des cris perçants, à vous décrocher la mâchoire. Vous entendez ? »

Elle fit signe que oui.

Alors Ross comprit que le serpent à sonnettes était vrai cette fois-ci. Que tout n'était que trop vrai.

Ils reprirent leur marche à travers le couloir et finirent par arriver à l'ordinateur. Cette partie du sous-sol était la seule qui eût été rénovée. Le sol avait été recouvert d'un tapis bleu et un mur avait été démoli et remplacé par de larges baies vitrées qui donnaient sur la pièce abritant les organes de l'ordinateur. Ross se rappelait que lorsqu'on avait installé cet appareil électronique, elle avait estimé que la dépense représentée par les fenêtres était inutile ; elle l'avait dit à McPherson.

« Il est préférable que les gens voient ce qui se passe, avait répondu McPherson.

— Qu'est-ce que cela veut dire ?

— Il faut qu'on se rende compte que l'ordinateur n'est qu'une machine. Plus grande et plus onéreuse que les autres, c'est tout. Il faut que les gens s'y habituent. Qu'ils n'en aient pas peur mais qu'ils n'en fassent pas non plus une idole. Nous voulons qu'ils le considèrent comme faisant partie de l'environnement. »

Pourtant, chaque fois qu'elle passait devant l'ordinateur elle éprouvait des sentiments complètement différents : le tapis du couloir, tous les objets luxueux qui l'entouraient donnaient à l'ordinateur un caractère particulier, inhabituel, unique. Elle trouvait significatif le fait que le seul autre endroit de l'hôpital où il y eût un tapis fût l'entrée de la petite chapelle du premier étage. Ici comme là, il s'agissait d'un sanctuaire.

L'ordinateur était-il sensible au fait qu'il y ait ou non des tapis sur le sol ?

En tout cas les employés de l'hôpital avaient manifesté leur propre réaction devant le spectacle que découvraient les baies vitrées. Ils avaient posé cet écriteau sur les vitres : *Prière de ne pas alimenter ni agacer l'ordinateur.*

Ross et Anders s'accroupirent au-dessous du niveau des fenêtres. Anders regardait avec précaution.

« Qu'est-ce que vous voyez ? dit-elle.

— Je crois que je le vois. »

Le cœur battant, l'esprit tendu, elle jeta un cou d'œil ; elle était sur le qui-vive.

A l'intérieur de la salle il y avait six rouleaux magnétiques, une grande console pour l'appareil central, une machine à imprimer, un lecteur de cartes perforées et deux disques de haut-parleur. Tout cela brillait et reluisait sous la lumière fluorescente. Ross ne vit personne — rien que tout cet appareillage, isolé, solitaire, qui lui rappelait l'alignement de menhirs de Stonehenge.

Puis elle l'aperçut ; l'homme avançait entre deux unités magnétiques. Blouse blanche d'infirmier, chevelure noire.

« C'est lui, dit-elle.

— Où est la porte ? » demanda Anders.

Elle la lui montra du doigt, à trois mètres de là.

« Il n'y a pas d'autres entrées ou sorties ?

— Non. »

Le cœur toujours battant, elle regarda Anders, puis le revolver.

« Très bien. Restez accroupie », lui dit Anders. Puis il gagna la porte en rampant, se mit à genoux et se retourna pour voir Ross. Elle constata avec surprise qu'il avait peur, son visage était crispé, son corps nerveusement recroquevillé ; il braquait son revolver devant lui.

Nous avons tous peur, se dit-elle.

Alors il cogna sur la porte qui claqua et d'un bond sauta dans la salle. Elle entendit appeler « Benson ! » Immédiatement après, un coup de feu. Puis un deuxième et un troisième coup de feu. Elle ne savait lequel des deux tirait. Puis elle vit les pieds d'Anders dépasser de la porte, il gisait sur le tapis. Des vagues de fumée grise flottaient doucement dans le corridor.

Il y eut deux autres coups de feu et un cri de douleur, strident. Elle ferma les yeux et appuya son visage sur le tapis.

« Benson ! rendez-vous, Benson ! » hurlait Anders.

Anders ne comprenait-il pas que ses admonestations ne servaient à rien ?

Les coups de feu se succédaient à intervalles de plus en plus rapprochés. Les vitres, au-dessus d'elle, volèrent en éclats et elle reçut de gros morceaux de verre sur la tête et sur les épaules. A son grand étonnement Benson vint atterrir dans le corridor à côté d'elle. Il s'était jeté par la fenêtre. Il était blessé à la jambe et son pantalon blanc était maculé de sang.

« Harry... »

La peur étranglait sa voix. Elle était terrifiée. Elle savait qu'elle avait tort d'avoir peur de cet homme, qu'elle le desservait, qu'elle manquait à son devoir professionnel et perdait cette indispensable confiance que doit inspirer le médecin, néanmoins elle avait peur.

Les yeux vides, Benson la regarda, sans la voir, puis il se précipita dans le corridor du sous-sol.

« Harry, attendez...

— Ne vous en mêlez pas », dit Anders. Il sortit de la salle de l'ordinateur et courut après Benson en tenant solidement son revolver. La posture du policier lui parut ridicule et elle eut envie de rire. Elle entendit les pas précipités de Benson résonner dans le tunnel. Anders continuait à le poursuivre. Les pas n'étaient plus que des échos lointains.

A présent elle était seule. Elle se releva, elle était étourdie et malade. Elle savait ce qui allait arriver. Benson comme un animal traqué allait chercher à filer par une sortie de secours. Aussitôt qu'il serait dehors les policiers de service tireraient sur lui. Toutes les portes étaient gardées. Il lui était impossible de s'évader. Elle ne voulait pas assister à ce spectacle.

Elle alla faire un tour dans la salle de l'ordinateur. L'ordinateur principal était démoli. Deux rouleaux de bandes magnétiques étaient renversés, le panneau de contrôle, percé de trous, lançait des étincelles sur le sol. Elle craignait que cela n'allumât un incendie. Elle chercha un extincteur et vit sur le tapis, dans un coin, la hache de Benson. Puis elle vit le revolver.

Elle le ramassa par curiosité. Il était extraordinairement lourd — elle n'aurait jamais imaginé qu'il pesait un poids pareil — et froid, dans sa main. C'était celui de Benson, car Anders portait le sien sur lui. Ce revolver de Benson, elle le contemplait bizarrement, comme s'il pouvait lui apprendre quelque chose sur lui.

Quatre coups de feu rapprochés partirent du fond du sous-sol et le bruit se répercuta à travers le labyrinthe que formaient les couloirs souterrains de l'hôpital. Devant la fenêtre cassée, elle chercha à distinguer quelque chose, mais elle ne vit rien.

Elle pensa que tout était fini. Le crépitement des

étincelles derrière elle lui fit tourner la tête. On entendait aussi un claquement continuel et monotone.

L'un des rouleaux magnétiques s'était déroulé et le bord de la bande tapait contre l'aiguille métallique.

Elle s'approcha de la bobine et l'arrêta. Elle jeta les yeux sur un des écrans où s'inscrivait indéfiniment : *terminé terminé*. Puis elle entendit encore deux coups de feu, moins éloignés que les précédents, et elle pensa que Benson devait être encore en vie. Et debout près de l'ordinateur démoli, elle attendit.

Un autre coup de feu, très proche, cette fois-ci. Elle baissa la tête derrière un des tambours magnétiques lorsqu'elle entendit un bruit de pas qui s'approchaient. L'ironie de la situation ne lui échappait pas : Benson s'était caché derrière les ordinateurs et maintenant c'est elle qui se blottissait derrière les colonnes de métal, comme si elles pouvaient la protéger.

Quelqu'un haletait. Les pas s'arrêtèrent, la porte de la salle s'ouvrit et se referma aussitôt avec fracas. Elle était toujours tapie dans son coin et ne voyait pas ce qui se passait.

Une deuxième série de pas précipités retentirent devant la salle de l'ordinateur et poursuivirent leur course le long du corridor où l'écho se propageait faiblement. Tout était silencieux. Elle entendit alors respirer bruyamment et tousser.

Elle se leva.

Ses vêtements blancs d'infirmier tout déchirés, la jambe gauche ensanglantée, Harry Benson était étendu sur le tapis, le corps à demi adossé au mur, couvert de sueur, le souffle rauque et saccadé, l'œil hagard ; il regardait droit devant lui, sans se douter qu'il y avait quelqu'un dans la salle.

Elle tenait toujours le revolver dans sa main. Elle eut un moment d'espoir. D'une manière ou d'une autre, les choses allaient tourner bien. Elle le ramènerait vivant. La police ne l'avait pas tué et une chance incroyable faisait qu'elle était seule avec lui. Elle en était très heureuse.

« Harry. »

Il leva lentement les yeux sur elle, et parut ne la reconnaître qu'au bout d'un moment. Alors il sourit :

« Tiens, c'est vous, docteur Ross. »

C'était un bon sourire. L'image de McPherson lui traversa l'esprit. Elle voyait déjà sa tête aux cheveux blancs s'incliner devant elle pour la féliciter d'avoir ramené Benson vivant et sauvegardé ainsi le grand projet. Le souvenir inopiné de son père lui revint aussi. Tombant brusquement malade, il avait dû quitter les cérémonies de la faculté de médecine lorsqu'elle passait ses concours. Pourquoi pensait-elle à cela en ce moment ?

« Tout ira bien, Harry », dit-elle, d'une voix confiante. Elle voulait le rassurer, aussi ne faisait-elle pas un mouvement et restait-elle de l'autre côté de la salle, derrière l'ordinateur.

Il respirait toujours très bruyamment et ne dit rien pendant un moment. Son regard parcourut la salle et s'arrêta sur l'ordinateur démoli.

« C'est moi qui ai fait ça, n'est-ce pas ? dit-il.

— Vous serez bientôt guéri, Harry », dit-elle. Elle préparait tout un programme dans sa tête. On l'opérerait de la jambe ce soir-là, au service des urgences, et le lendemain on pourrait débrancher son ordinateur, reprogrammer les électrodes et tout irait bien. La catastrophe serait évitée. C'était une chance incroyable. Ellis conserverait sa maison. McPherson continuerait de lancer le service neuropsychiatrique dans les expériences les plus nouvelles et les plus audacieuses. Tous lui auraient de la gratitude, reconnaîtraient le rôle insigne qu'elle avait eu dans cette tragédie et apprécieraient ce que...

« Docteur Ross... » Il se tordait de douleur et essayait de se mettre debout.

« Ne bougez pas, restez où vous êtes.

— Je suis bien obligé.

— Restez où vous êtes, Harry. »

Les yeux de Benson lançaient des éclairs. Le sourire avait disparu.

« Ne m'appelez pas Harry. Mon nom est M. Benson. Appelez-moi M. Benson. »

Elle ne pouvait se méprendre sur la colère qui éclatait dans sa voix. Ignorait-il qu'elle était la seule, qu'elle demeurait la seule, qui cherchât encore à lui venir en aide ? Les autres auraient été si contents qu'il meure.

Il persistait à essayer de se tenir debout.

« Ne bougez pas, Harry. »

Alors elle lui montra le revolver qu'elle tenait dans sa main. C'était un geste de colère, un geste hostile. Elle savait qu'elle avait tort de se fâcher contre lui, mais il l'avait exaspérée.

« C'est mon revolver, je le reconnais, fit-il avec un sourire d'enfant.

— C'est moi, maintenant, qui l'ai », dit-elle.

Il souriait toujours, d'un sourire grimaçant. Il finit par se mettre debout et s'appuya au mur. Sur le tapis, une tache rouge foncé, là où il avait posé sa jambe, attira son attention.

« Je suis blessé, dit-il.

— Ne bougez pas, cela ne sera rien.

— Il a tiré sur moi... » Et levant les yeux sur elle, souriant encore, il lui dit : « Vous ne feriez tout de même pas usage de cet outil ?

— Si, dit-elle, si j'y étais obligée.

— Pourtant vous êtes mon médecin.

— Restez où vous êtes, Harry.

— Je ne crois pas que vous vous en serviriez », dit Benson. Et il fit mine de s'avancer vers elle.

« Ne vous approchez pas, Harry. »

Il souriait toujours ; en chancelant mais sans tomber, il fit un pas de plus.

« Non, je ne pense pas que vous feriez ça. »

Elle s'effraya de ce qu'il disait. Elle avait à la fois peur de le tuer et peur de le laisser s'échapper. Seule avec cet homme, entourée des épaves de l'ordinateur, elle se trouvait dans la plus étrange des situations.

Elle cria : « Anders ! Anders ! » Sa voix retentit à travers le sous-sol.

Son regard fixé sur elle, Benson avançait. Il trébucha, s'agrippa à l'un des plateaux de transmission et déchira sa blouse.

« Un accroc, dit-il d'un ton engourdi.

— Restez là, Harry, ne bougez pas. » Elle avait l'impression de parler à une bête, de dompter un lion dans un cirque. Il ne faut ni nourrir, ni brutaliser les animaux.

Il s'immobilisa un instant, se soutenant à la console et respirant péniblement.

« Je veux mon revolver, j'en ai besoin. Donnez-le-moi, dit-il.

— Harry... »

Il poussa un grognement, s'éloigna de la console et continua d'avancer vers elle.

« *Anders !*

— Inutile. Je n'ai plus de temps à perdre, docteur Ross », fit Benson en la dévisageant. Elle vit se dilater ses pupilles et comprit qu'il avait une stimulation. « C'est merveilleux », dit-il et il sourit.

La stimulation lui procura une jouissance qui parut le retenir pendant un moment. Sa voix était calme et lointaine.

« Vous voyez, dit-il, ils sont après moi. Ils ont dirigé leurs petits ordinateurs contre moi. Traquez-le, tuez-le, c'est le programme. Le programme primordial. Traquer et tuer. Comprenez-vous ? »

Il n'était plus éloigné que de quelques pas. Elle tenait solidement le revolver dans sa main comme elle l'avait vu faire à Anders, mais elle tremblait.

« Je vous en prie, Harry, n'avancez pas, je vous en prie. »

Il souriait.

Et il fit encore un pas de plus.

Elle ne savait vraiment pas ce qu'elle allait faire jusqu'au moment où elle sentit qu'elle appuyait sur la détente et où le coup partit. Le bruit éclata, l'arme lui échappa des mains et la secousse fut si forte qu'elle faillit tomber. Elle fut renversée en arrière contre le mur du fond de la salle.

Benson battait des paupières dans la fumée. Puis, souriant, il dit :

« Ce n'est pas si facile que ça en a l'air. »

Elle serrait le revolver dans sa main, il était chaud. Elle le leva, mais elle tremblait de plus en plus et l'immobilisa avec son autre main.

Benson avançait.

« Ne vous approchez pas, Benson. Je ne plaisante pas. » Elle était assaillie par un flot d'images. Elle revoyait Benson, tel qu'elle l'avait connu au début, homme inoffensif et doux qui était aux prises avec un effroyable problème. Elle revoyait le film de toutes les consultations, tous les tests et les traitements. C'était un être honnête et angoissé. Rien de ce qui était arrivé n'était sa faute. Les responsables étaient Ellis et McPherson, et Morris et elle-même.

Puis elle revit le visage écrasé, ensanglanté de Morris.

« Docteur Ross, dit Benson. Vous êtes mon médecin. Vous ne me ferez pas de mal. »

Il était tout près d'elle, maintenant. Il tendait les bras pour atteindre son revolver, il était à quelques centimètres du canon du revolver et à mesure qu'il avançait elle tremblait de tout son corps.

Elle tira à bout portant.

Avec une remarquable agilité, Benson sauta en l'air et évita le coup. Elle en fut soulagée. Elle s'était arrangée pour le ramener sans le blesser. Anders arriverait d'une minute à l'autre, ils parviendraient bien à le calmer avant de l'emmener en chirurgie.

Le corps de Benson alla cogner dans la machine à imprimer qui se renversa. Les touches continuèrent à claquer d'un bruit automatique et monotone. Benson roula sur le dos. Des flots de sang sortaient de sa poitrine. Son uniforme blanc fut maculé de rouge sombre.

« Harry ? » dit-elle.

Il ne bougeait pas.

« Harry ? Harry ? »

Elle ne se rappelait pas nettement ce qui était arrivé, après. Anders revint et lui prit le revolver des mains. Il la transporta sur le côté de la salle tandis que trois hommes en gris entraient ; ils portaient une longue housse de plastique sur une civière. Ils ouvrirent la housse ; elle était doublée d'une étrange matière isolante alvéolée. Ils soulevèrent le corps de Benson. Elle remarqua qu'ils prenaient des précautions afin de ne pas souiller de sang leurs vêtements spéciaux. Puis ils le placèrent à l'intérieur de la housse qu'ils fermèrent avec des serrures bizarres. Deux des hommes l'emportèrent. Le troisième fit le tour de la pièce avec un compteur Geiger qui vibrait fortement. Le bruit lui rappela les cris d'un singe en colère. L'homme se dirigea vers Ross. Elle ne voyait pas son visage qui était caché derrière son masque gris dont le verre était brouillé.

« Vous feriez mieux de ne pas rester ici », dit-il.

Anders passa son bras autour de ses épaules. Elle se mit à pleurer.

BIBLIOGRAPHIE

OUVRAGES GÉNÉRAUX

APTER, *The Computer Stimulation of Behaviour*, New York, Harper Colophon, 1971.

BRUNER, Jerome, *On Knowing, Essays for the left hand*, Cambridge, Harvard University Press, 1962.

CALDER, *The Mind of Man*, New York, Viking, 1970.

DELGADO, *Physical Control of the Mind. Toward a Psycho-civilized Society*, New York, Harper & Row, 1968.

KOESTLER, *The Ghost in the Machine*, New York, Mac-Millan, 1967.

LONDON, *Behaviour Control*, Harper & Row, 1969, Perennial paper-back, 1971.

WIENER, *The Human Use of human beings : Cybernetics and Society*, Boston, Houghton Mifflin, 1954.

WOLSTENHOLME, *Man and his Future*, London : Churchill, 1963.

WOOLDRIDGE, *The Machinery of the Brain*, New York, McGraw Hill, 1963.

OUVRAGES TECHNIQUES

ADAMS JOHN, « L'avenir de la chirurgie stéréotaxique », *J. Am. Med. Ass.*, 198 (1966), 648-652.

AIRD, « Antécédents de l'épilepsie du lobe temporal », *Arch. Neurology*, 16 (1967), 67-73.

ANASTASOPOULOS, « Boulimie et anorexie passagères et hyper-sexualité après une pneumo-encéphalographie chez une épileptique psychomoteur », *J. Neuropsych.*, 4 (1963), 135-142.

BENNETT, « Désordres mentaux accompagnant l'épilepsie du lobe temporal », *Dis. of the Nervous System*, 26 (1965), 275-280.

BISHOP, « Auto-excitation intercrânienne chez l'homme », *Science*, 140 (1963), 394-396.

BLOCH, « Aspects étiologiques de la psychose ressemblant à la psychose schizophrénique dans l'épilepsie du lobe temporal », *Med. J. Australia*, 66 (1969), 451-453.

CARLETON, « Influence du milieu sur les pacemakers implantés aux malades du cœur », *J. Am. Med. Assn.*, 190 (1964), 938-940.

CHASE, « Troubles des automatismes de la parole », *Nervous and Mental Disease*, 144 (1967), 406-420.

CRANDALL, « Applications cliniques des études faites sur l'implantation stéréotaxique des électrodes dans l'épilepsie du lobe temporal », *J. Neurosurgery*, 20 (1964), 827-840.

DELGADO, *Intracerebral Radio stimulation and Recording in Completely Free Patients. Nervous and Mental Disease*, 147 (1968), 329-340.

DUFFY, « Interactions psychiques et somatiques dans l'épilepsie psychomotrice », *Psychosomatics*, 7 (1966), 353-356.

ELLINWOOD, « Psychoses amphétaminiques : Conséquences théoriques », *International J. of Neuropsych.*, 4 (1968), 45-54.

FALCONER, « *Problèmes de neurochirurgie : I. Épilepsie du lobe temporal* », *Trans. Med. Soc. London*, 82 (1967), 111-126.
FALCONER, « Épilepsie du lobe temporal due à des lésions anciennes. Deux malades ont été guéris à la suite de l'opération », *Brain*, 85 (1961), 521-534.
FALCONER, « Traitement chirurgical de l'épilepsie du lobe temporal », *New Zealand Med*, 66 (1964), 539-542.
FENTON (et autres), « Homicide. Temporal Lobe Epilepsy and Depression : Un exemple », *Brit T. Psychiatry*, III (1965), 304-306.
FENYES, « Épilepsies temporales avec foyers profonds : Évolution postopératoire », *Archives of Neurology*, 4 (1964), 559-571.
GLASER, « Le problème de la psychose chez les épileptiques psychomoteurs du lobe temporal », *Epilepsia*, 5 (1964), 271-278.
GREEN, *Lobectomie du temporal.*
GREENBERG, « Formes du sommeil dans l'épilepsie du lobe temporal », *Comprehensive Psychiatry*, 9 (1968), 194-199.
HIERONS, « Impuissance des malades atteints de lésions du lobe temporal », *Lancet*, 2 (1966), 761-763.
HOLLOWACH, « Crises psychomotrices chez les enfants — Étude clinique de 120 cas », *Pediatrics*, 59 (1961), 339-345.
HOMMES, « Epilepsie psychomotrice : L'hystérie vue sous l'angle de la neurologie », *Psychiat. Neurol. Neurochir.*, 67 (1964), 497-519.
HUNTER, « Apparition de l'épilepsie du lobe temporal à la suite d'une longue habitude du travestisme et du fétichisme : Un exemple », *Epilepsia*, 4 (1963), 60-65.

KENNA, « Dépersonnalisation dans l'épilepsie du lobe temporal et les psychoses organiques », *Brit. Psychiatry*, III (1965), 293-299.
KNAPP, « Sources d'énergie nucléaire électrique pour applications bio-médicales », *Travaux de la quatrième Conférence sur la conversion de l'énergie*, Washington, D.C., 22-26 septembre 1969, 101-106.
KOLARSKY, « Déviation de la sexualité chez l'homme, correspondant aux premières atteintes du lobe temporal », *Arch. Gen. Psych.*, 17 (1967), 735-743.
NORMAN, « Pace-makers atomiques cardiaques implantables », *New Engl. J. Med.*, 283 (1971), 1203-1206.
PICKERS, « Diminution d'activité avec un pacemaker. Il se produit des interférences avec l'équipement de contrôle par les transmissions de fréquences radio », *Brit. Med. J.*, 2 (1969), 504-506.
RAND, « Implantation stéréotaxique constante d'électrodes en profondeur pour l'épilepsie psychomotrice », *Acta Neurochirurgica*, 11 (1958), 609-630.
REIHER, « Électro-encéphalographie et Sono-encéphalographie, associées, dans l'épilepsie du lobe temporal », *Neurology*, 19 (1969), 157-159.
ROTH, « L'épilepsie du lobe temporal et le syndrome angoisse-dépersonnalisation », *Comprehensive Psychiatry*, 3 (1963), 130-151-215-266.
SERAFETINIDES, « Quelques observations sur les altérations de la mémoire après lobectomie du temporal dans des cas d'épilepsie », *J. Neurol. Neurochirur. Psychiat.*, 25, (1962), 251-255.
SERAFETINIDES, « L'agressivité chez les épileptiques du lobe temporal et ses rapports avec la dissociation cérébrale et les facteurs de l'environnement », *Epilepsia*, 6 (1965), 33-42.

SERAFETINIDES, « Les effets de la lobectomie temporale chez les malades épileptiques atteints de psychose », *J. Ment. Sci.*, 108 (1962), 584-593.

SLOTNICK, « L'ordinateur le plus rapide », *Sci. Am.*, 224 (1971), 76-87.

STEVENS, « Conséquences psychiatriques de l'épilepsie psychomotrice », *Arch. Gen. Psych.*, 14 (1966), 461-471.

STEVENSON, « Épilepsie psychomotrice s'accompagnant d'un comportement criminel », *Med. J. Australia*, 60 (1963), 784-785.

STROBOS, « Mécanismes des crises du lobe temporal », *Arch. Neurology* (1961), 48-57.

WALKER, « Lobectomie temporale », *J. Neurosurgery*, 26 (1966), 642-649.

WEISS, « Psychodiagnostic de huit cas de lobectomie temporale », *Israël. Ann. Psychiat.*, 3-4 (1962), 259-266.

YATTEAU, « Échec d'un pace-maker marchant au radar et fabriqué sur commande », *New Engl. J. Med.*, 283 (1971), 1447-1448.

TABLE DES MATIÈRES

Achevé d'imprimer en mars 1997
sur les presses de l'Imprimerie Bussière
à Saint-Amand (Cher)

POCKET - 12, avenue d'Italie - 75627 Paris Cedex 13
Tél. : 01-44-16-05-00

— N° d'imp. 316. —
Dépôt légal : mars 1994.

Imprimé en France

